이재은 글·박은애 그림

북멘토

차례

작가의 말 8
프롤로그 신장개업! HS 편의점 11

첫번째 편의점의 대표 먹을거리! 원조는 언제부터?

컵라면 15

라면의 세계사 메이지 유신 26
컵라면 인물 돋보기 안도 모모후쿠 28
라면의 한국사 인기 최고 라면! 31
라면의 TMI 33

두번째 토마토소스가 없는 피자가 있다?

피자 35

피자의 세계사 콜럼버스의 교환 45

피자 인물 돋보기 마르게리타 왕비 48

피자의 한국사 고급 요리, 피자 50

피자의 TMI 52

세번째 역사를 바꾼 달콤한 설탕 덩어리

사탕 55

사탕의 세계사 십자군 전쟁 69

사탕 인물 돋보기 엘리자베스 1세 여왕 72

사탕의 한국사 귀하고 달콤한 사탕 75

사탕의 TMI 77

네번째 엄마도 모르는 아메리카노의 비밀

커피 81

커피의 세계사 보스턴 차 사건 92

커피 인물 돋보기 가브리엘 드 클리외 95

커피의 한국사 커피를 사랑해 98

커피의 TMI 100

다섯번째 줄 서서 사 마시는 신선한 맛
 103

우유의 세계사 산업 혁명 114
우유 인물 돋보기 루이 파스퇴르 116
우유의 한국사 건강하게 우유 한잔! 118
우유의 TMI 120

 여섯번째 밥 대신 간식으로? 보들보들 밀가루는 진리지!
빵 123

빵의 세계사 프랑스 혁명 133
빵 인물 돋보기 샌드위치 백작 137
빵의 한국사 제 2의 주식, 빵! 140
빵의 TMI 143

 일곱번째 녹지 않게 하려는 노력
 147

아이스크림의 세계사 영국의 청교도혁명 161
아이스크림 인물 돋보기 마르코 폴로 165
아이스크림의 한국사 국민 간식 아이스크림 168
아이스크림의 TMI 170

여덟번째 짜릿한 유혹의 달콤한 물
탄산음료 173

탄산음료의 세계사 미국의 금주법 184
탄산음료 인물 돋보기 조지프 프리스틀리 187
탄산음료의 한국사 탄산음료 전성시대 189
탄산음료의 TMI 192

 **아홉번째** 달콤하지만 쓰디쓴 역사
초콜릿 195

초콜릿의 세계사 아스테카 문명 206
초콜릿 인물 돋보기 에르난 코르테스 208
초콜릿의 한국사 어른도 아이도 좋아해 209
초콜릿의 TMI 211

집, 학교, 학원을 빼고 어린이들이 가장 많이 들르는 곳이 어디일까요? 부모님과 함께 가지 않아도 되고, 꼭 필요하고, 익숙하고 편안한 공간.

바로 편의점이죠. 편의점 앞에 설치된 파라솔 의자에 삼삼오오 둘러앉아 컵라면을 먹는 어린이 친구들을 보면서 생각했어요.

'늘 오가는 편의점에서 맛있는 음식을 먹으면서, 재밌는 이야기를 발견하면 좋겠다.'

그 생각이 이 책의 시작이었습니다.

'편의'라는 건 편하고 좋은 것을 말해요. 단어의 뜻처럼 편의점에선 우리 생활을 편리하게 하는, 자주 쓰이고, 손쉽게 먹을 수 있는 것들을 팔죠. 그래서 그 안을 들여다보면 우리의 삶과 아주 가까운, 흥미로운 이야기를 만날 수가 있어요. 우리가 편의점에서 자주 사 먹는 음식은 어디서 생겨났고, 어떻게 우리나라까지 오게 되었는지, 또 그 음식에 얽힌 재밌는 사건과 역사 속의 인물들까지……. 할 이야기가 너무나 많았어요. 이 이야기를 어떻게 여러분께 들려줄까 고민하던 중에 HS 편의점의 점장인 사덕훈 아저씨를 만났어요.

사덕훈 아저씨는 일명 '역사 덕후'인데요. 편의점에 숨겨진 역사 이야기를 그냥 묵혀 두기에 너무 아까워서 아주 특별한 편의점을 열었습니다. 편의점에서 파는 상품의 역사라면 모르는 게 없어요. 너무 아는 게 많아서 말이 너무 많은 '투머치토커'인 게 좀 문제지요. 귀가 따가워서 오래 듣기가 힘들 때쯤, 카운터 뒤편의 비밀에 싸인 문을 열고 생생한 세계사의 현장을 만날 수가 있어요. 물론 아무에게나 그 문을 열어주지 않아요. 편의점에 감춰진 역사에 대해 조금 더 알고 싶은 호기심이 있어야만 열 수 있답니다.

이제 비밀의 문을 열고, 편의점에 감춰진 세계사를 탈탈 털어 봅시다. 편의점에서 늘 먹고 마시던 음식 속에 숨겨진 재미있는 역사를 만나고 나면, 편의점에 들르는 순간순간이 더 새롭게 다가올 거예요.

편의점의 익숙함과 흥미로움을 좋아하는 작가
이재은

HS 편의점

신장개업!
HS 편의점

　교문을 나오자마자 등굣길엔 보지 못한 오색찬란한 플래카드가 보였다.
　'신장개업 HS 편의점. 어린이 환영!'
　HS 편의점이라……. 친구들 사이에서 편의점 덕후라고 불릴 정도인 나인데도 처음 들어 보는 브랜드 이름이었다. 도전 의식이 들었다.
　'그래! 오늘은 HS 편의점에서 간식을 먹어야지!'
　HS 편의점은 학교에서 그리 멀지 않았다. 화려한 플래카드로 광고한 곳이 맞나 싶게 편의점 앞은 적막감까지 감돌았다. 설레는 마음으로 문을 열었는데 문이 열리지 않았다.
　'분명 불은 켜져 있는데……. 신장개업이라며?'
　유리문에 얼굴을 갖다 대고 편의점 안을 살피는데 갑자기 검은 형체가 눈앞을 가렸다. 그러더니 험상궂게 생긴 아저씨가 유리창 너머에서 내 머리 위를 툭툭 두드린다. 고개를 들어 살짝 위쪽을 바라보니 웬 종이 한 장이 달랑 붙어 있었다.

HS 편의점 규칙

다음 규칙을 지킬 어린이만 입장 가능합니다. (어른 출입 금지)

1. 필요한 것이 없으면 들어오지 마세요. (구경 금지)
2. 필요한 상품을 문 앞에 설치된 마이크에 명확하게 이야기하세요.
    주문 한 건당 100포인트가 적립됩니다.
3. 상품을 준비하는 동안 대기 시간이 발생합니다.
    기다릴 줄 아는 여유가 있는 어린이만 출입 가능.
4. 상품과 관련된 퀴즈를 맞히면 500포인트가 적립됩니다.
5. 1000포인트 이상 쌓이면 비밀의 문으로 입장 가능합니다.
    포인트는 사용 후 소멸됩니다.

점장 사덕훈

'필요한 것이 없으면 들어오지 말라고? 어이가 없네. 됐다! 됐어! 어디 편의점이 여기 한 곳인가? 다른 데 가면 되지 뭐. 조만간 망하겠네.'

규칙을 읽고 난 후 유리창 안을 바라보았는데 한눈에 들어온 것이 있었다.

'아니! 저건 어제 출시된 '맵달 치즈 라면'이잖아! 광속 매진이라 전국 품절돼서 구경도 못 해 봤는데……. 들도 보도 못 한 이 편의점에 있다니!'

편의점 안에서 웬 아저씨가 내 오른쪽으로 보이는 마이크 부분을 툭툭 쳤다. 그러더니 싱긋 웃으며 손짓을 했다. 험악한 얼굴인데 웃으니까 곰돌이같이 귀여웠다. 으악! 어쩐지 그 미소에 심장을 폭행당하고 말았다. 그러고는 무언가 홀린 듯이 나도 모르게 마이크 앞에 서고 말았다.

첫번째

편의점의 대표 먹을거리!
원조는 언제부터?

컵라면

막상 마이크 앞에 서니 쭈뼛거려졌다. 곰돌이처럼 웃던 아저씨는 어느새 싸늘한 표정으로 변해서는 '어디 한번 읊어봐.'라는 표정으로 나를 내려다보고 있었다.

"음…… 저…… 컵라면이요."

내가 이야기를 하자마자 갑자기 기계음이 들려왔다.

"컵라면! 접수되었습니다. 컵라면을 준비하는 데는 약 5분이 소요됩니다. 자리에 앉아 기다려 주시기를 바랍니다."

그와 동시에 편의점 문이 지잉 소리를 내며 열리더니 아저씨가 안으로 들어오라고 손짓했다. 홀린 듯 편의점 안으로 들어선 순간, 문이 지잉 닫히더니 기계음이 들렸다.

"지금부터 호기심을 해결하기 전까지 출입문은 폐쇄됩니다."

'아니 뭐라고? 폐쇄? 그럼 나 지금 편의점에 갇힌 거야?'

혼란스러워하고 있는데, 아저씨가 나에게 다가오고 있었다. 뭐지? 저 아저씨? 설마…….

그러더니 마치 이마가 맞닿을 것처럼 내 얼굴에 자기 얼굴을 들이

밀더니 씩 웃으며 말한다.

"안녕. 나는 이 편의점의 점장 사덕훈이란다. 그리고 너는 우리 편의점 첫 손님이야. 조금 더 근사한 걸 대접하고 싶었는데, 컵라면이라니 좀 아쉽구나. 하지만 네가 어디에서도 먹어 보지 못한 라면 맛일 거야. 저쪽 자리에 앉아서 잠시만 기다려라. 내가 금방 만들어 올게."

"아니, 저…… 아저씨, 제가 고르면 안 되나요? 어제 출시된 저 맵달 치즈 라면요. 그거 먹으려고 했는데……."

갑자기 아저씨의 얼굴이 처음 보았던 그 험악한 얼굴로 변했다.

"이 편의점에서는 내가 주는 대로 먹는 거야. 규칙을 따르지 않으려면 나가도 좋아."

험상궂은 표정으로 냉정하게 말하는 아저씨를 보니 나도 모르게 주눅이 들었다.

"그, 그럼 기다릴게요……."

금세 자상한 얼굴로 돌아온 아저씨는 인자한 미소를 띠며 카운터 뒤편의 문으로 사라졌다. 문에는 '비밀의 문. 관계자 외 출입 금지.'라고 쓰여 있었다.

'컵라면은 물 붓고 기다리는 시간도 다 재미인데……. 뭐 이런 규칙이 다 있지?'

속으로 투덜거리며 그제야 주위를 둘러보니 구경하지 말라고 한 이유를 알 것도 같았다. 가까이서 보니 진열된 물건들은 진짜 파는 물건들이 아니고 실제 상품을 그대로 본뜬 모형들이었다. 나의 마음을 사로잡은 맵달 치즈 라면도 가짜였다. 이 모든 게 다 가짜라니! 이 편의점의 정체가 도대체 뭐야? 카운터 너머 아저씨가 사라진 문만 하염없이 바라보았다.

그때 문이 열리고 쟁반을 든 아저씨가 나왔다. 쟁반에는 넓은 그릇 하나와 컵라면 하나가 보였는데, 컵라면에는 일본어가 써 있었다.

"자, 컵라면이 준비됐습니다. 그리고 이건 보너스!"

아저씨의 손가락이 가리킨 곳엔 굵은 국수 면발과 닭고기가 보였다. 닭 칼국수 같기도 하고, 부모님과 함께 여행했던 일본에서 먹은 라멘 같아 보이기도 했다. 컵라면은 컵 재질이 스티로폼으로 되어 있었고, 크기도 작았다. 아저씨는 자세를 가다듬더니 진지하게 말했다.

"전 세계에 오직 한 곳, HS 편의점에서만 먹을 수 있는 컵라면을 소개합니다. 이 컵라면은 1971년에 만들어진 세계 최초의 컵라면이란다! 아! 젓가락은 필요 없어. 최초의 컵라면은 서양인들을 겨냥해서 만든 거라 컵 안쪽에 포크가 들어 있었거든. 자, 먹어 보렴."

작은 플라스틱 포크를 건네며 아저씨가 날 바라보았다.

'1971년에 만들어진 컵라면을 어떻게 21세기에 먹을 수 있지? 도대체 뭔 소리야? 뭐, 상한 것 같아 보이진 않는데? 한 입 먹어 볼까?'

내 열한 살 인생 중 이렇게 어렵게 라면을 먹은 적은 없었다. 세계 최초의 컵라면이라(고 주장하)는 컵라면의 면을 작은 포크에 돌돌 말아 한 입 후루룩 들이켰다. 오, 맛있어! 맵지도 않고 구수한 맛이 일품이었다. 미심쩍던 마음은 사라지고 금세 행복감이 밀려왔다.

'처음 보는 라면인데 맛있네. 그래도 다음에는 이 이상한 편의점에 오지 말고 에잇일레븐에서 사 먹어야지. 그런데 이 컵라면 이름이 뭐지? 일본어라서 알 수가 없네.'

마치 내 속마음을 읽기라도 한 듯 아저씨가 말했다.

"아니, 이 라면은 여기서밖에 못 먹는다니까 그러네. 자, 이제 그 옆에 있는 라면도 먹어 봐라."

닭 칼국수 같은 국수를 가리키며 아저씨가 말했다.

"뭐라고요? 이게 라면이라고요?"

"음, 정확히 말하면 라면은 아니고 납면이라고 하지. 중국 사람들이 만들어 먹었던 라면의 기원이 되는 음식이란다."

희멀건 국물이라 어쩐지 식욕을 당기는 생김새는 아니었지만, 만들어 준 성의를 봐서 한 입 후루룩 먹어 보았다. 잔치 국수보다는 조금 더 깊은 국물 맛인데, 그렇다고 라면 맛은 아니었다.

"육수는 닭이랑 돼지 뼈랑 멸치를 넣고 푹푹 끓였어. 아무도 라면을 찾지 않으면 이 육수를 어떡하나 싶었는데……. 정말 다행이지 뭐니. 그렇게 끓인 육수에 국수를 말아 내면 그게 바로 라면의 기원인 납면이란다. 이 납면은 중국에서 일본으로 건너가서 라멘이 되었지. 라멘을 간편하게 먹을 수 있게 만든 게 바로 이 인스턴트 라면이고 말이야."

"라면의 탄생지가 중국이란 말이에요?"

"그렇단다. 납면이 전파되기 전에 일본에서는 라면처럼 걸쭉한 국물과 얇은 면발의 국수를 먹지 않고, 맑은 국물에 두꺼운 면을 넣

은 우동을 즐겨 먹었거든."

"그럼 언제부터 납면이 일본으로 건너가게 된 거예요?"

"1868년에 있었던 메이지 유신 때지."

"메이지 유신이 뭔데요?"

납면과 컵라면은 점점 불어 가고 있는데, 어쩐지 나는 아저씨의 이야기를 끊고 싶지 않았다. 정신없이 후루룩거리며 나는 아저씨의 이야기에 귀를 기울였다.

"메이지 유신은 한마디로 일본이 항구를 열고 서양 문물을 받아들인 사건이야. 일본의 항구에 중국의 납면이 전해진 때는 바로 이때인데, 개항하면서 중국의 상인들도 일본의 항구를 많이 찾게 됐거든. 납면 장삿꾼들은 처음에는 중국인을 상대로 납면을 팔았는데, 점차 일본인들도 그 맛에 빠져들었지. 닭 뼈, 돼지 뼈 같은 버려지던 재료로 끓여 낸 진한 국물에 가는 밀가루 면을 말아 낸 납면, 어때? 먹어 보니 입맛을 사로잡을 만하지? 이렇게 일본에 전파된 납면은 인기를 끌면서 일본 각 지역으로 빠르게 퍼져나갔고 라멘이라 불리게 되었단다."

'일본이 근대화되면서 라면이 전파되고 발전하게 된 거구나.'

허구한 날 먹는 라면에 이런 역사가 숨어 있었다니……. 처음 먹어 보는 최초의 라면 맛이 더 특별하게 느껴졌다.

납면이 라멘이 된 사연은 알았는데, 그럼 내가 제일 좋아하는 이 컵라면은 언제부터 생겨난 걸까? 아저씨가 건네 준 일본어가 쓰여 있는 작은 스티로폼 컵라면을 물끄러미 바라보았다. 그리고 아저씨에게 아까부터 묻고 싶던 질문을 했다.

"그런데요. 아저씨, 이 컵라면은 어디서 난 거예요? 설마 1971년부터 가지고 있던 건 아니죠?"

"음, 그거는 너랑 내가 조금 더 친해지면 알려 줄게. 저 비밀의 문을 들어가면 어찌 된 일인지 다 알 수 있을 거다."

편의점에 비밀의 문이라니 도무지 무슨 말인지 알 수가 없다. 어서 계산이나 하고 이곳을 나가야지.

"네, 아저씨. 그럼 이 납면이랑, 컵라면은 얼마예요?"

나는 주머니를 뒤적이며 말했다.

"우리 편의점은 돈 안 받는다. 돈 대신 너의 호기심을 주면 돼."

아저씨의 눈빛이 웬일인지 조금 날카롭게 빛나서 흠칫했다. 아저씨는 말을 이어 갔다.

"난 어린이들의 호기심으로 힘을 얻는 역사 덕후, 사덕훈이거든. 대신에 우리 편의점에 올 때는 내 얘기를 재밌게 들어줄 결심을 하고 왔으면 좋겠다. 오늘은 정말 맘에 들었어. 너는 우리 편의점 첫 손님으로 합격이야. 오늘 가입 축하 포인트 200포인트와 주문 포인트 100포인트. 합계 300포인트가 적립됐다."

돈도 안 냈는데 포인트라니, 어쩐지 돈을 번 기분이다. 그런데 퀴즈를 풀면 500포인트 받을 수 있다고 했는데…….

"아저씨. 퀴즈는요? 퀴즈 맞히면 500포인트 맞죠?"

"짜식! 역시 마음에 든다니까. 규칙을 제대로 읽고 들어왔구나. 맞아. 퀴즈를 맞히면 500포인트를 받을 수 있지. 어때? 도전? 콜?"

"그럼요. 도전!"

오늘의 퀴즈

Q. 최초로 만들어진 컵라면의 국물은 어떤 맛이었을까요?

① 쇠고기 ② 닭고기 ③ 돼지고기 ④ 멸치 ⑤ 채소

'뭐야? 생각보다 쉽잖아? 이래 봬도 자칭 타칭 라면 마니아, 라면계의 절대 미각이라고 불린다고!'

나는 최초의 컵라면 국물을 한 번 더 들이켰다.

'이 맛은 분명!'

나는 확신을 하고 외쳤다.

"정답은 2번 닭고기 국물이요!"

"딩동댕. 정답입니다! 퀴즈 포인트 500포인트 적립! 이거 대단한데? 벌써 800포인트야."

아직 포인트로 뭘 할 수 있다는 건지는 모르겠지만, 공짜로 라면도 먹고 포인트까지 얻다니 기분이 좋아졌다. 하지만 날 바라보며 웃고 있는 아저씨가 무슨 생각을 하는 건지, 정체가 무엇인지 그냥 이대로 좋아해도 되는 건지는 잘 모르겠다.

메이지 유신

19세기 후반, 일본의 항구에는 미국의 배들이 찾아오기 시작했지. 나라 문을 걸어 잠그지 말고 서양 문물을 받아들이라고 말이야. 당시 일본의 강력한 군사 정권이었던 '에도 막부'는 압박을 견디지 못하고 결국 개항을 하게 돼. 그리고 천황 중심의 국가를 선포하게 되지. 그때가 바로 1868년이었는데, 그 당시 천황의 이름이 바로 메이지였기 때문에 이때부터 시작된 변화의 과정을 '메이지 유신'이라고 불러.

메이지 유신을 통해 세금과 군사 제도를 바꾸고, 적극적으로 서양 문물을 받아들인 일본은 근대화를 이루고 크게 발전하게 돼. 또, 헌법을 제정하고 의회를 만들어서 일본식 입헌 군주제 국가를 만들게 되지.

하지만 일본이 꼭 좋은 방향으로만 발전한 건 아니야. 메이지 유신을 통해 강력해진 일본은 군사력으로 주변 국가를 다스리려는 욕심을 갖게 되거든. 결국 일본은 전쟁을 일으켜 주변 국가를 침략했어. 우리나라를 식민지로 만들고, 중일 전쟁을 일으키고, 동남아시아 지역을 침략하고, 미국의 진주만까지 기습 공격하더니, 급기야 제 2차 세계 대전까지 일으켰어.

　날마다 무시무시한 전쟁이 끊임없이 벌어졌어. 결국 마지막에는 일본에 원자 폭탄이 떨어지면서 일본이 무조건 항복을 선언하고, 제2차 세계 대전은 일본의 패배로 끝나게 돼.

　메이지 유신 덕분에 중국의 납면이 일본으로 건너와 라멘이라는 음식으로 발전할 수 있었고 일본은 근대화를 끌어낼 수 있었지만, 세계사에는 지울 수 없는 상처를 남기게 되었단다.

컵라면 인물 돋보기

안도 모모후쿠

닭고기 국물 맛의 최초의 컵라면을 만든 사람은 누굴까? 인스턴트 봉지 라면과 컵라면 모두 라면의 아버지라 불리는 안도 모모후쿠라는 일본 사람이 만들었어. 제2차 세계 대전이 끝나고 패전국인 일본 역시 극심한 전쟁 후유증을 겪어야 했단다. 일본 국민은 굶주림에 시달리고 있었지. 안도 모모후쿠는 배고픈 사람들이 집에서도 손쉽게 만들어 먹을

수 있는 음식이 무엇일까 고민했어. 그러던 어느 날 튀김을 튀기는 모습을 보다가 갑자기 기발한 생각을 하게 돼. 튀기니까 재료의 수분이 다 날아가는 걸 발견한 거지. 그래서 밀가루 면을 튀겨 봤어. 그랬더니 보존할 수 있는 기간이 확 늘어났고, 물을 부으니까 바로 먹을 수 있었지.

    그렇게 해서 1958년에 최초로 인스턴트 라면을 발명하고, '닛신'이라는 기업도 세우게 됐어. 닛신에서 파는 인스턴트 라면은 예상대로 선풍적인 인기를 끌게 돼. 하지만 그 영광이 오래가지는 않았어. 안도 모모후쿠는 인스턴트 라면 기술을 누구나 쓸 수 있도록 공개했거든. 더 많이 생산되고 널리 퍼지길 바라는 마음 때문이었지. 그렇다 보니까 이 회사, 저 회사에서 라면을 만들게 되면서 점점 매출에 한계가 찾아왔어.

    그때 안도 모모후쿠는 새로운 돌파구를 생각하게 돼. 바로 '서양 사람들에게도 라면을 먹게 하자. 라면을 국제화하자.'라는 거였어. 영감을 얻기 위해 여행을 다니면서 서양인들이 라면 먹을 때 젓가락을 사용하지 않는다는 아주 당연한 사실을 다시 한번 발견하게 되고, 또 휴대성을 높이기 위해서 바로 물을 부을 수 있는 용기가 있으면 좋겠다는 아이디어를 생각해 내지. 그래서 1971년에 서양인을 겨냥한 최초의 컵라면이 탄생한 건데, 보온성이 좋은 스티로폼 용기에다 작은 포크를 같이 포장한 형태였단다.

  안도 모모후쿠는 라면의 아버지답게 라면 사랑이 대단했는데, 매일 점심 한 끼는 꼭 라면을 먹었대. 라면을 매일 먹어도 건강하다는 것을 보여 줘야 한다면서 말이야. 그 말을 증명하듯이 안도 모모후쿠는 만 96세의 나이에 세상을 떠날 정도로 장수했어. 하지만 그의 건강 비결이 라면 때문은 아니었을 거야. 날마다 운동을 거르지 않았고, 라면을 먹지 않을 때는 다양한 음식을 골고루 먹었다고 해. 그러니 편의점 라면이 맛있어도 너무 자주 먹는 일은 없도록 해.

인기 최고 라면!

우리나라 사람들이 라면을 먹게 된 건 언제부터일까? 우리나라 라면의 역사 역시 전쟁 후에 힘들었던 시대상과 관련이 있어. 한국 전쟁이 끝난 후 굶주림에 시달리던 서민들은 미군 부대에서 나온 잔반을 끓인 꿀꿀이죽을 자주 먹었어. 그 모습을 마음 아프게 여긴 한 식품 회사 사장은 '꿀꿀이죽 대신 라면을 먹으면 좋지 않을까?' 하고 생각하게 됐어. 일본에 출장을 자주 다녀서 라면을 먹어 본 경험이 있었거든. 만들기 쉬운 라면이 대규모로 보급되면 배고픈 국민이 많이 줄 거라고 생각한 거지. 그래서 1963년 9월에 우리나라 최초의 라면이 탄생하게 돼.

그런데 생각보다 반응이 별로였어. 우리나라는 쌀이 주식이고, 밀가루 음식은 새참이나 간식으로 생각하는 습관이 있었거든. 또, 시장의 꿀꿀이죽은 5원 정도 했는데, 라면 가격은 그 두 배인 10원이었다고 해. 처음에는 서민의 음식이라기엔 다소 비쌌던 거지. 그런데 정부가 1965년부터 혼·분식을 장려하면서 사람들 생각이 많이 달라졌어. 나라에서 밀가루를 먹으라고 하고, 무엇보다 맛도 좋으니까 인기를 끌기 시작했지.

우리나라에 라면이 생겨난 지 60년이 다 돼가는 지금, 우리 국민의 라면 사랑은 어느 정도일까? 세계에서 가장 라면을 많이 먹는 나라 순위에서 1, 2위를 다투고 있어. 한 사람이 5일에 한 번, 1년에 평균 일흔세 개를 먹는대. 그런데 요즘 세상은 워낙 먹을거리가 다양해지다 보니까 예전보다는 라면이 덜 팔리고 있대. 사실 편의점에 오면 라면 말고도 간편하게 먹을 수 있는 게 참 많잖아? 그래도 말이야. 3분 만에 뜨끈한 국물과 쫄깃한 면발을 선사하는 라면의 매력. 거부하긴 참 힘들지?

라면의 TMI

라면의 면발이 꼬불꼬불한 이유는 뭘까?

첫 번째, 작은 라면 봉지에 긴 면발을 집어넣을 때는 곡선으로 담아야만 많이 들어가기 때문이야. 보통 라면 한 봉지에 들어가는 면발 길이는 50미터 정도라고 해. 아파트 18층 정도의 높이라고 할 수 있지.

두 번째 이유는 라면을 끓이는 데 걸리는 시간을 절약하기 위해서야. 라면을 삶을 때 꼬불꼬불한 라면 면발 틈 사이로 물이 스며들면서 면발을 골고루 익히고 조리 시간도 줄일 수 있거든.

또, 길쭉한 직선 면발보다 꼬불꼬불한 면발이 유통 과정에서 덜 부서지고, 면을 기름에 튀길 때 직선보다는 곡선이 빨리 튀겨진대. 이런 이유로 라면 면발은 꼬불꼬불 할 수 밖에 없었다는 사실!

라면 한 봉지의 면발 길이는 약 50미터!

정보 두 그릇

썩거나 곰팡이가 난 라면은 본 적이 드물 거야. 그래서 라면에 혹시 방부제가 들어간 건 아닌가 오해하는 사람들이 있는데, 사실 라면에는 방부제가 전혀 들어가지 않는대. 그렇다면 라면은 왜 잘 상하지 않는 걸까? 라면을 만들 때 튀기고 말리는 과정에서 수분이 거의 사라지기 때문이래. 물이 없으면 미생물이 번식하기가 힘들거든. 잘 상하지는 않지만 기름에 튀긴 면이기 때문에 오래 두면 맛이 달라질 수 있어. 유통 기한은 6개월 정도니까 그 기간 내에 먹길 권장할게.

정보 세 그릇

세계 인스턴트 라면 협회(WINA)에 따르면 전 세계의 라면 소비량은 2021년 기준, 1년 동안 1181억 개가 넘어. 정말 어마어마하지. 그중에서도 우리나라의 라면 소비량은 세계 8위야.

정보 네 그릇

우리나라는 1인당 라면 소비량에서 2013년부터 2020년까지 8년 동안 부동의 1위를 지키고 있었는데, 2021년 통계에선 베트남에게 1위 자리를 역전당했어. 베트남 소비자들의 구매력이 높아졌고, 코로나19로 집에서 끼니를 해결하려는 사람들이 늘어났기 때문일 거래.

토마토소스가 없는
피자가 있다?

피자

어제저녁에는 속상한 일이 있었다. 저녁밥으로 엄마에게 피자를 시켜 달라고 했더니, 피자는 너무 기름기가 많고 탄수화물 덩어리인 데다가 쓸데없이 비싸다는 이유로 된장국에 나물 반찬과 밥을 주신 거다. 된장국을 싫어하는 건 아니지만, 어제는 정말 피자가 먹고 싶었는데…….

　'흥! 엄마가 안 시켜 주면 못 먹을까 봐? 내 용돈으로 편의점에서 사 먹으면 되지.'

　편의점에는 가격이 부담스럽지 않은 냉동 피자를 파니까 엄마 몰래 금세 먹고 학원에 갈 수 있다. 전자레인지에 돌려서 흘러내리는 치즈를 후루루룩! 할 생각에 벌써 입에 침이 고인다. 늘 가던 편의점에 가면 내가 자주 먹던 그 냉동 피자를 만날 수 있다. 오늘은 딱! 그 상상한 맛, 그 맛을 먹고 싶다!

　설레는 마음으로 에잇일레븐 편의점에 갔는데, 어쩐지 문이 잠겨 있었다. '잠시 부재중입니다.'라는 메시지가 문에 붙어 있었다. 기다렸다. 학원 시간이 다가오는데, 오늘은 꼭 피자를 먹고 싶은데, 가까운 곳에 있는 편의점이라곤 어제 갔던 그 미스테리한 HS 편의점뿐이다. 어쩌지……. 고민이다. HS 편의점에 가면 분명 학원 시간에 늦을 것 같고, 그 대신에 엄청 맛있는 색다른 피자를 먹을 수 있을 것만 같았다. 에잇일레븐 알바 형은 돌아오질 않고, 나의 발걸음은 어쩐지 이미 HS 편의점을 향하고 있었다. HS 편의점 앞. 어제와 똑같은 안내 문구가 보이고, 덕훈 아저씨는 안에 있는지 없는지 보이지 않았다. 일단 마이크 앞에 섰다.

"아, 아, 피자. 냉동 피자요."

"피자, 주문 접수되었습니다. 들어오세요."

편의점의 문이 자동으로 열리고 쭈뼛쭈뼛 안으로 들어서자 덕훈 아저씨가 안쪽의 문을 열고 나왔다. '비밀의 문'이라고 쓰여 있는 그 문.

"어서 와! 오늘은 피자를 주문했구나!"

"아, 네. 오늘도 기다려야 하죠?"

"한번 와 봤다고 잘 아는구나. 설명이 필요 없어서 좋아. 자, 그럼 조금만 기다려라. 네가 지금까지 먹어 본 그 어떤 피자보다도 더 특별한 피자를 가져올 테니까!"

기다리는 동안 피자를 진열해 두는 냉동 코너로 갔다. 내가 좋아하는 오뚝 피자도 있었는데 꺼내서 흔들어 보니 역시나 빈 상자였다. 냉장 코너에도 한 조각씩 포장된 피자가 있었다. 역시나 가볍게 들리는 빈 상자였다.

'도대체 진짜 상품은 없고, 저 방에는 뭐가 있길래 거기서 음식을 가지고 나오는 걸까? 식당이라도 같이 하시나?'

비밀의 문을 하염없이 바라보고 있는데, 드디어 덕훈 아저씨가 거대하고 둥그렇고 납작한 무언가를 들고 나왔다. 하지만 내가 기대하던 군침 도는 피자의 비주얼은 아니었다. 피자라기보다는 빵에 가까웠는데 빵 위에는 마늘, 양파, 그리고 정체 모를 풀떼기가 올라가 있었다. 이것도 정녕 피자란 말인가!

"저, 아저씨 저는 페퍼로니 피자가 먹고 싶었는데요. 아니, 그게 어렵다면 그냥 기본으로 주셔도 되는데……. 왜 소시지랑 고기랑 피망이랑 올리브랑 양파가 들어간 그냥 기본 피자 있잖아요. 테두리에 치즈까지 들어가면 더 좋고요."

"우리 편의점 규칙을 그새 잊은 거야? 주문은 금지. 주는 대로 먹기! 몰라?"

내 앞으로 그 납작한 음식을 내미는 아저씨를 올려다보았다. 내가 너무 애처로워 보였는지 아저씨는 말을 덧붙였다.

"일단 이거부터 먹고 나면 네가 원하는 피자도 가져올게. 이 피자가 우리 인류가 먹은 가장 최초의 피자란 말이다. 피자의 역사를 이야기하면서 어찌 이 피자를 빼놓을 수 있겠니? 안 그래?"

'저는 잘 모르겠는데요.'라고 생각했지만, 일단 먹으면 준다니까 그 거대한 빵을 한 입 베어 물었다. 예상대로 맛이 없었다. 우웩 노맛!

"그래 맛이 없을 거야. 그 빵은 고대 그리스 로마 시대에 먹던 '플라쿤토스'라는 음식인데, 밀가루 빵에 올리브유를 바르고 양파, 마늘, 허브를 얹은 거야. 별거 아닌 것처럼 보이지만 그게 바로 피자의 원조라고 할 수 있지."

"피자에는 토마토소스가 들어가야 하는 거 아니에요? 이건 피자

라고 하기에는……."

"맞아. 진짜 피자의 역사는 토마토와 함께 시작했다고 해도 과언이 아니야. 그런데 사실 토마토는 예전부터 유럽에서 자라던 작물은 아니었어. 1492년에 콜럼버스가 아메리카 대륙을 발견한 후에, 아메리카 대륙에서 키우던 토마토가 유럽에 전해지면서 이탈리아에서 활발하게 재배된 거지. 이탈리아의 강렬한 햇빛에서 무럭무럭 자란 토마토는 결국! 이탈리아를 대표하는 음식인 피자의 재료가 될 수 있었단다. 콜럼버스가 아니었다면 토마토소스가 듬뿍 발라져 있는 이 맛있는 피자는 이 세상에 없을지도 몰라."

"아저씨. 제가 먹고 싶었던 두툼한 페퍼로니 피자 있잖아요. 그것도 이탈리아에서 만든 거예요?"

"우아, 너 질문 잘했다. HS 편의점의 첫 번째 손님다운데? 좀 두꺼운 빵에 다양한 토핑을 올리고, 특히 좀 기름진 소시지나 고기를 올린 피자는 미국에서 발전했어. 피자헛, 도미노피자, 파파존스 같은 피자들이 다 미국 브랜드거든."

"우아! 저 그 피자들 엄청 좋아하는데……. 그런데 이탈리아에서 즐겨 먹던 피자가 어떻게 미국에서 발전하게 됐어요?"

"19세기 후반에 미국으로 이민을 간 이탈리아 사람들이 고국의 맛이 그리워 만들어 먹던 것이 그 시작이야. 그런데 그때만 해도 이

탈리아 사람들이 모여 사는 곳에서만 인기 있던 음식이었지. 본격적으로 미국에서 피자가 인기를 끌게 된 건 아무래도 제2차 세계 대전 이후란다. 이탈리아에 파병 갔다 돌아온 군인들이 이탈리아에서 맛본 피자 맛을 잊지 못했거든. 피자가 점점 인기를 얻으니까 거대한 식품 회사들이 이걸 발 빠르게 상품화했지. 미국인들 입맛에 맞게 토핑도 많이 올리고, 빵도 두툼하게 만들고 말이야. 그때 네가 좋아하는 피자 브랜드들이 생겨난 거고……. 또, 먹고 싶을 때 간편하게 데워 먹을 수 있는 냉동 피자까지도 개발하게 된 거란다."

"언제든 편의점에서 먹고 싶을 때 피자를 먹을 수 있는 건 어찌 보면 미국 사람들 덕분이네요."

"그렇게 말하면 이탈리아 사람들 자존심이 무척 상할걸? 실제로 피자 제조법을 유네스코 세계 문화유산에 등재하는데 이탈리아와 미국이 경쟁했거든. 결국 이긴 쪽은 이탈리아의 나폴리 피자 제조법이었단다. 이탈리아 피자 제조법이 더 문화적인 가치가 있다고 인정받은 셈이지."

고개를 끄덕이며 이야기를 듣는데, 배에서 꼬르륵 소리가 들려왔다. 아까 저 이상하고 거대한 플라 어쩌구 하는 빵 한 입만 먹고 피자는 구경도 못 했으니…….

"아저씨. 저 그래서 진짜 피자는 언제 주시는 건가요?"

"아차! 내 정신 좀 봐라. 금방 준비해 올게. 조금만 기다려라. 기다리는 동안 오늘의 퀴즈 풀고 있을래?"

"뭐, 딱히 할 일도 없는데……. 그러죠. 뭐."

'오늘 문제를 맞히면 저 비밀의 문에 드디어 들어가 볼 수 있는 건가?'

내 속마음을 읽은 듯 아저씨가 설명해 줬다.

"그래. 오늘 주문 포인트까지 합쳐서 현재 900포인트구나. 문제를 맞히면, 1400포인트! 다음 방문에서는 비밀의 문에 입장할 수 있다. 신중하게 고민해 봐."

오늘의 퀴즈

Q. 다음 중 유네스코 인류 무형 문화유산에 등재된 나폴리 피자 제조법이 아닌 것은 무엇일까요?

① 빠르게 공중에서 빙빙 돌려서 원반 모양 도우를 만든다.

② 피자 도우의 두께가 3밀리미터를 넘어야 한다.

③ 참나무 장작으로 달군 화덕에서 구워야 한다.

④ 60~90초 정도 구워야 한다.

'음, 90초 굽는 건 너무 짧은 거 아닌가? 다 익지도 않을 것 같은데…….'

잠시 후 드디어 비밀의 문이 열리고 덕훈 아저씨가 등장했다. 한 손에 높이 든 피자에는 김이 모락모락 피어오르고 있었다. 너무 높이 들어서 모양은 잘 보이지 않았는데 냄새만큼은 기가 막혔다.

"정답은 4번이요!"

"땡!"

아저씨의 냉정하고 짧은 한마디. 흑.

"정답은 2번이야. 두께가 3밀리미터를 넘는 게 아니라, 넘지 않게! 아주 얇게 만드는 것이 포인트지. 그게 바로 나폴리 피자의 가장 큰 특징이란다."

아저씨가 내 앞으로 나폴리 피자를 내밀었다. 아주 얇은 도우에 토마토소스와 치즈, 그리고 정체 모를 풀잎이 올려져 있었다.

"아저씨, 이건 너무 얇아서 한 판 다 먹을 수도 있겠는데요?"

너무 얇아서 흐물흐물하기까지 한 피자 한 조각을 들어, 입으로 가져갔다. 으음. 어? 정말 맛있다. 이게 바로 피자 본토의 맛! 나폴리 피자의 맛이구나!

피자의 세계사

콜럼버스의 교환

1492년, 유럽 대륙의 서쪽은 낭떠러지라고 믿는 사람이 많았던 시절이지. 하지만 지구가 둥글다고 믿었던 이탈리아의 항해사 콜럼버스는 스페인 왕실의 후원을 받아 인도로 가는 빠른 길을 찾아 서쪽으로 항해를 시작했어. 그런데 그가 만난 것은 인도가 아니라 아메리카의 한 섬이었지. 그 후 네 번의 항해를 마친 콜럼버스는 죽을 때까지 그곳이 인도라고 굳게 믿었다고 해. 콜럼버스는 착각 속에 세상을 떠났지만, 그가 떠난 뒤에 세계는 달라지기 시작했어. 콜럼버스가 열어 놓은 바닷길로 활발한 교류가 이어지게 되거든.

당시에 여러 분야에서 이뤄진 유럽, 아시아, 아메리카 대륙 간의 교류를 '콜럼버스의 교환'이라고 부른단다. 이때 신대륙에서 옥수수, 감자, 고추, 토마토 등의 농작물이 유럽과 아시아로 전파됐는데 이제는 인류의 식탁에서 빼놓을 수 없는 아주 중요한 식량이 되었지.

그런데 '콜럼버스의 교환'은 단순히 농작물이나 물건을 주고받는 데서 그치는 게 아니라, 서로 다른 사회와 문화가 만나서 영향을 주고받으며 또 다른 방향으로 새롭게 발전했다는 역사적 의미를 담고 있어. 그

때 토마토가 전해지지 않았다면 이탈리아에서 피자가 만들어지지 않았을지도 모르잖아. 그렇다면 우리가 알고 있는 다양한 피자 문화도 생겨나지 않았겠지. 단순히 토마토를 주고받는 문제가 아니라 토마토 하나가 가져온 사회 경제적 변화는 어마어마했거든.

　하지만 안타깝게도 콜럼버스의 교환이 좋은 영향만 있었던 건 아니야. 몹시 나쁜 질병까지도 전파가 됐거든. 특히 유럽에서 건너간 질병들이 아메리카 대륙의 사람들에게는 치명적이었어. 수두와 장티푸스, 홍역 등이 전파됐는데 그 영향으로 아메리카 원주민 숫자는 80퍼센트나 줄어들었어. 이처럼 사람과 물자가 나라 사이를 활발하게 오고 가면 때로는 예상하지 못한 결과가 생기기도 해. 중국에서 시작된 코로나19 바이러스가 전 세계 수많은 사람의 일상을 바꿔 놓았던 것만 봐도 알 수 있지. 세계의 여러 나라는 대륙과 대륙 사이, 나라와 나라 사이의 활발한 교류를 통해 서로 영향을 주고받으며 새로운 역사를 써 가고 있단다.

※ '콜럼버스의 교환'은 1960년대 후반 앨프리드. W. 크로스비가 '콜럼버스가 바꾼 세계'라는 책에서 처음으로 사용한 용어이다.

피자
인물 돋보기

마르게리타 왕비

　나폴리 피자 중에서도 역사적으로 가장 의미 있는 '마르게리타 피자'는 한 왕비와 관련이 있어. 그 왕비의 이름은 바로 '마르게리타'야. 마르게리타는 이탈리아 사보이 왕가의 왕비인데, 1889년에 남편 움베르토 왕과 함께 나폴리에 찾아왔지. 요리사 에스포지토가 왕과 왕비를 대접하기 위해 어떤 음식을 먹고 싶냐고 물었는데 왕비의 주문은 나폴리 서민들이 먹는 피자를 먹어 보고 싶다는 거였어.

　여왕이 주문한 대로 화려하지 않고 단순하게 만들어 온 피자는 넓적하고 얇은 도우 위에 토마토소스를 바르고 모짜렐라 치즈를 올리고 바질 잎을 올린 생김새였지. 이 피자를 먹어 본 마르게리타 왕비는 깊은 감동을 받았어. 맛도 있었지만, 초록색의 잎, 하얀 모차렐라 치즈, 그리고 빨간 토마토소스가 이탈리아의 국기를 상징하는 색깔이었기 때문이야. 피자 한 판에 이탈리아를 담아냈던 거지.

　당시에는 갈라져 있던 이탈리아를 통일하자는 움직임이 있을 때라 이 피자를 보고 마르게리타 왕비는 아주 푹 빠져버렸어. 여왕이 반한 피자라고 유명해진 이 피자는 그때부터 마르게리타 피자라고 불리게 된단다. 아마 이탈리아식으로 피자를 만드는 식당에 가면 메뉴판 제일 위쪽에 대표 메뉴로 있을 거야. 이제 마르게리타라는 이름은 왕비의 이름보다는 피자의 이름으로 더 많이 기억되고 있단다.

피자의 한국사

고급 요리, 피자!

그렇다면 우리나라에서는 언제부터 피자를 먹게 됐을까? 아마 이 책을 읽고 있는 친구들의 할아버지 할머니는 어린 시절에 피자를 구경도 못 해 보셨을지 몰라. 1963년에 들어서야 최초의 피자집이 생겼거든. 그것도 특급 호텔 식당에 말이야. 비싼 가격도 그렇고 찾아가기도 쉽지 않아서 널리 먹는 음식은 아니었어. 1972년에 서울 명동에도 피자집이 생겼는데, 짜장면 한 그릇이 500원이던 시절에 피자 한 판 가격은 짜장면의 스무 배인 1만 원이 넘었대. 그렇게 당시의 피자는 굉장히 고급 요

리였지.

본격적으로 피자가 인기를 끌게 된 건 아무래도 피자 체인점의 역할이 커. 1985년 피자헛을 시작으로, 1990년 도미노피자, 미스터피자 등 다양한 브랜드들이 계속 생기면서, 피자는 배달해서 먹을 수 있는 맛있는 한 끼 식사로 자리 잡게 돼. 한국인의 입맛에 맞게 불고기를 올리기도 하고, 매운맛도 첨가하면서 우리나라만의 독특한 피자가 생기기도 했어.

그런데 최근에는 피자의 인기가 점차 사그라들고 있대. 아무래도 새로운 맛있는 음식이 너무 많이 생겨났고, 피자의 칼로리가 높다 보니 건강에 좋지 않다는 생각이 널리 퍼졌기 때문이야. 하지만 커다란 둥근 빵에 올라가는 다양한 토핑과 고소한 치즈가 어우러지는 그 맛! 이 행복의 맛을 저버리기는 쉽지 않을 것 같아.

피자의 TMI

정보 한 조각

이탈리아의 마르게리타 피자를 탄생시킨 에스포지토의 레스토랑은 아직도 명성을 유지하면서 운영 중이야. 당시에 왕실에서 보낸 문서가 전시돼 있어. 마르게리타 피자는 피자 배달의 원조이기도 한데, 고고하던 여왕은 직접 식당을 찾아와 피자를 먹은 게 아니라 피자 가게 점원이 여왕에게 배달을 갔다고 해. 화덕에서 바로 나온 피자를 먹은 것도 아닌데 극찬할 정도였으니 도대체 얼마나 맛있었던 걸까?

정보 두 조각

냉동 피자는 1950년대에 미국에 처음으로 등장했어. 1950년, 필라델피아의 조 부치라는 사람이 '냉동 피자 만드는 법'을 특허로 등록한 기록이 있대. 그 뒤, 냉동 피자는 뉴욕 타임즈와 월 스트리트 저널 같은 유명 일간지에 광고가 실리면서 다른 인스턴트 식품들과 경쟁하게 되지.

정보 세 조각

미국식 피자는 크게 두 가지 스타일로 나뉘는데, 마르게리타 피자에서 유래된 뉴욕식 피자와, 두꺼운 팬에 구워 만든 시카고식 피자가 있지. 미국 최초의 피자집을 연 사람은 젠나로 롬바르디라는 사람이야. 롬바르디는 1905년에 뉴욕 맨해튼의 이탈리아 사람들이 모여 사는 지역에 피자 가게를 열었어. 이탈리아 사람들에게 마르게리타 피자를 만든 에스포지토가 피자의 영웅이라면, 미국 사람들에게 롬바르디는 미국식 피자를 탄생시킨 피자의 아버지라 할 수 있어. 롬바르디의 피자 가게를 시작으로 오늘날 뉴욕에는 400개 이상의 피자리아(개인 소유 피자 전문점)가 있다고 해.

시카고식 피자는 딥 디시 피자(Deep Dish Pizza)라고도 부르는데, 말 그대로 꽤 깊은 그릇에 굽기 때문이야. 마치 빵 그릇에 치즈와 토핑을 담은 것 같은 모양이지. 토핑은 주로 도톰한 소시지를 많이 사용하기 때문에 짜고 묵직한 맛이 난단다.

피자가 우리나라에 본격적으로 알려지기 전에는 미군 부대 중심으로 피자를 파는 곳이 있긴 했어. 이탈리아 피자 맛을 잊지 못한 참전 군인도 있었고, 당시 미국에서 유행하던 냉동 피자가 미군 부대에도 보급됐기 때문이야. 미군 부대 주변의 술집에서 안주로도 인기가 좋았는데, 피자의 주재료 중 하나인 치즈는 맛도 좋지만 영양가가 높고, 메티오닌이라는 성분이 체내 알코올 흡수를 더디게 하는 효과가 있었기 때문이야.

역사를 바꾼
달콤한 설탕 덩어리

사탕

설탕인 듯,
설탕 아닌,
설탕 같은 너

학원 가기 전에 집에 들렀더니, 식탁에 웬 선물 상자가 있었다. 포장이 풀어져 있는 걸 보니, 내 것은 아니고 엄마가 어디서 받아 온 건가 보다. 호기심을 참지 못하고 슬그머니 살짝 열어 봤다. 세상에! 알록달록 반짝반짝 빛나는 사탕이 가득 들어 있었다. 나도 모르게 손이 갔다. 하나를 집어 들고 입에 넣는 순간, 전화가 울렸다. 엄마였다.

"식탁 위에 있는 사탕, 엄마가 넣어 놓는 걸 깜빡했는데 손대지 마. 나중에 엄마가 꺼내 줄 거니까! 사탕 그거 설탕 덩어리야. 응? 살찌고! 이 썩고! 영양가도 하나 없고!"

엄마의 잔소리가 계속될 것 같아서 나는 대답했다.

"알았어요. 안 먹어요, 안 먹어. 내가 뭐 어린앤가. 나도 이제 사탕 따위 안 좋아한다고요!"

거짓말이다. 나는 사탕을 좋아한다. 가끔 공부 때문에 스트레스를 받거나 기분이 처질 때, 사탕을 먹으면 기분이 좋아진다. 사탕은 나의 위안이자 스트레스 해소법이다. 어쨌거나 엄마가 사탕을 못 먹게 해도 상관없다. 이제 난 꼬맹이가 아니고, 언제나 오가는 길에 사탕을 사 먹을 수 있는 편의점이 있으니까 말이다. 아! 이상한 HS 편의점에서는 어쩌면 엄마가 못 먹게 한 사탕보다 더 맛있는 사탕을 만날 수 있을지 모른다. 오늘로 벌써 3일째. 나는 요즘 하루도 빠짐없이 HS 편의점 문 앞 마이크 앞에 서서 내가 원하는 것을 외치고 있었다.

"사탕. 세상에서 제일 맛있는 사탕 주세요."

"사탕. 접수됐습니다. 들어오세요."

편의점에 들어가자 덕훈 아저씨는 카운터에 서서 '츄파르릅 막대사탕'이 꽂힌 진열대를 눈짓으로 가리켰다. 늘 편의점에서 보던 그 진열대다. 오늘은 별로 색다르지 않은데?

"자! 주문하신 사탕, 여기 있습니다. 마음에 드는 거로 골라 보세요."

가까이 다가가 보니 늘 보던 '츄파르릅'이 아니었다. 딸기 맛, 초콜릿 맛은 없고 처음 보는 사탕이 꽂혀 있었다. 제일 위에 꽂힌 사탕의 포장지에는 찐득한 꿀과 땅콩, 아몬드 같은 것이 버무려져 있는 사진이 있었는데 '꿀과 견과류로 만든 고대 이집트의 사탕'이라고 쓰여 있었고, 그다음에 보이는 것은 사탕이라기보다는 좀 큰 설탕 덩어리처럼 보였는데 '기원전 4세기 인도에서 사탕수수로 만든 최초의 사탕'이라고 쓰여 있었다.

 가운데 있는 사탕에는 '중세 시대 유럽인들을 홀린 사탕'이라고 쓰여 있고, 열쇠 그림이 그려져 있었다. 늘 편의점에서 익숙하게 보던 츄파르룹 사탕도 있었다. 포장지 색이 좀 바래 있긴 했지만……. 그 사탕에는 '초현실주의 화가 달리가 로고를 그린 최초의 막대 사탕'이라고 쓰여 있었다. 조금 고민하다가 그냥 익숙한 막대 사탕을 고르려는데, 덕훈 아저씨가 열쇠가 그려진 사탕을 집으며 물었다.

 "재미없게 매일 보던 사탕이야? 유럽인들을 홀렸다는데, 궁금하지 않아?"

아무나 먹을 수 있는 사탕이 아니야.

오호….

그제야 그 사탕을 자세히 보았다. 기분 탓인가? 어쩐지 열쇠 그림에서 빛이 뿜어져 나오는 것 같았다.

"사실 이 사탕은 아무나 먹을 수 있는 건 아니야. 포인트가 다 차야 먹을 수 있지. 어디 보자, 오늘 주문으로 100포인트를 더해서……. 회원 가입 200포인트, 주문 한 번에 100포인트씩 세 번 총 300포인트, 그리고 지난번에 맞춘 퀴즈 점수 500포인트. 합이 1000포인트구나. 이 열쇠를 사용할 자격이 겨우겨우 되는구나. 영광인 줄 알아! 응?"

열쇠라니? 나는 그 열쇠가 뭔지도 모르고 사용할 마음도 없는데 아저씨는 또 앞서가고 있다. 아저씨는 어리둥절한 내 손을 잡더니 계산대 문을 열고 안쪽으로 나를 끌고 갔다. 난 손님인데 왜 이곳으로 날 데려가는 거야? 아저씨가 드나들던 '비밀의 문' 앞에 서자, 아저씨는 잡은 손을 놓더니 어깨를 잡고 내 눈을 똑바로 보며 말했다.

"자, 이제 우리는 이 비밀의 문을 통해서 중세 유럽인들이 그렇게 사랑한 사탕이 어떻게 유럽에 전해졌는지, 그 현장에 가게 될 거야. 정신 똑바로 차려! 쫄지 말고!"

도대체 무슨 소리인지 모르겠다. 저 문을 열면 그 안에 사탕 가게라도 있는 걸까? 비밀의 문은 도어 록으로 잠겨 있었다. 카드 키 대는 곳을 가리키며 아저씨가 말했다.

"자, 이곳에 이 열쇠를 대 봐."

이건 열쇠가 그려진 사탕이지, 열쇠가 아닌데……. 의심스러웠지만 사탕을 갖다 댔다. 놀랍게도 철컥 소리가 나더니 문이 열렸다. 나는 흠칫 놀라서 사탕을 떨어뜨리고, 한 걸음 물러섰다. 아저씨를 바라봤다.

"자, 이제 출발해 볼까?"

긴장한 듯한 아저씨의 표정을 보니, 어쩐지 비장한 기분이 들었다. 나도 모르게 아저씨의 손을 꼭 잡았다. 한 발짝을 내디뎌 비밀의 문을 열고 들어서는 순간, 눈도 못 뜰 정도로 환한 빛이 쏟아져 내렸다. 눈부셔. 너무 눈부셔!

도무지 눈을 뜰 수 없었다. 눈을 감고 있으니 이번에는 바닥이 빙글빙글 돌았다. 바닥에 쓰러질 뻔한 것을 아저씨가 붙잡아서 겨우 서 있었다. 내가 지금까지 탔던 어떤 놀이 기구보다도 무서웠다. 으아악! 이게 뭐야? 사탕이고 뭐고, 그냥 학원이나 가고 싶어졌다. 공포감이 휩쓴 시간이 10초는 흘렀을까? 바닥이 멈추고, 감은 눈에 스며드는 빛이 잦아들었다. 어디선가 소란한 소리가 들렸다.

"자, 이제 눈을 떠 봐."

슬그머니 실눈을 떠 봤다. 뭐지? 여긴 어디지? 눈을 마저 크게 뜬 나는 앞에 펼쳐진 풍경을 믿을 수 없었다. 내가 서 있는 곳은 산으로

둘러싸인 들판이었고, 저 멀리서 셀 수 없이 많은 사람과 말이 다가오고 있었다. 말을 타고, 창을 들고, 방패를 들고, 깃발을 흔들며 오는 사람들. 깃발에는 십자 마크가 그려져 있었다. 옷에도 똑같은 십자 마크가 보였다.

놀란 마음에 고개를 돌렸더니, 반대편에도 역시 창과 방패를 들고 말을 탄 사람들이 몰려오고 있었다. 그들에게는 십자 깃발은 보이지 않았다. 말을 탄 사람들은 사진이나 그림에서 보았던 기사의 모습과 비슷했다. 꼿꼿하게 말을 탄 채 질주하는 모습이 멋있어 보이기도 했지만, 한편으로는 너무 무서웠다. 영화 세트장이라도 오게 된 건가? 그것보다 도대체 이곳은 어떻게 오게 된 걸까? 도대체 이곳과 사탕이 무슨 상관이 있는 걸까? 생각이 꼬리를 무는 동안에도 말을 탄 기사들의 두 무리는 점점 가까워지고 있었다.

"아, 아저씨. 도대체 여기가……."

"이런, 너무 한복판으로 와 버렸네. 안 되겠다. 일단 조금 피해 있자."

우리는 말과 사람 무리가 지나가는 길을 가늠해 안전한 곳으로 비켜섰다. 다행히 큰 바위가 있어서 몸을 숨길 수 있었다. 점점 다가와 만난 두 무리는 싸우기 시작했다. 칼을 휘두르고, 활을 쏘고, 창을 던지고……. 잔인한 장면이었지만 멀리 떨어져 봐서 그런지 영화를 보는 듯 현실감이 없었다. 싸움이 끝났다. 살아남은 사람은 십자 마크를 단 사람이 훨씬 많았다. 십자 마크 기사들은 다시 정비하더니, 상대편이 왔던 마을 쪽으로 좀 더 전진해 나갔다.

"자, 싸움에서 이기게 되면 이 지역의 귀한 것들을 가져오게 된단다. 뭘 가져오는지 지켜보자."

아저씨가 내 손을 잡아끌고 십자 마크 기사들이 다니는 쪽으로 다가갔다. 적당히 몸을 숨길 곳에 자리를 잡고, 짐을 잔뜩 실은 말을 탄 기사들이 지나가는 걸 지켜보았다. 전투를 끝낸 데다가 무거운 짐까지 싣고 가는 말들은 매우 지쳐 보였다. 기사들도 마찬가지로 피곤해 보였다. 터벅터벅 다가오던 말이 중심을 잃고 비틀거리자 짐에 들어 있던 작은 보퉁이가 툭 떨어졌다. 기사는 짐이 떨어진 것도 모른 채 그저 앞을 향해 나아가고 있었다. 기사 무리가 지나간 후, 아저씨와 나는 그 보퉁이로 다가갔다. 제법 묵직한데 손으로 더듬어 보니 돌처럼 뭉쳐진 덩어리 조각들이 느껴졌다. 거친 모래 같은 느낌도 느껴졌다. 살그머니 보퉁이를 풀어 보았다. 새하얗고 반짝반짝 빛나는 가루가 들어 있었다. 중간중간 유리알처럼 반짝이는 덩어리도 보였다.

"자, 하나 먹어 볼래?"

아저씨가 덩어리 하나를 집어 들어 나에게 내밀었다. 먹어도 되는 거 맞아? 조금은 의심스러웠지만 아저씨가 건네는 덩어리를 집어 드니 손에 진득한 것이 묻어났다. 순간, 내가 왜 여기 오게 된 것인지가 떠올랐다. 덩어리의 냄새를 맡아 보았더니 달콤한 냄새가 났다. 아! 이게 바로 사탕이구나! 그렇다면 이 사탕이 중세 유럽 사람들이 제일 좋아한 사탕?

나는 단숨에 입안에 사탕을 넣었다. 음, 이건 초코 맛도 아니고, 딸기 맛도 아니고, 그저 달고 또 달았다. 설탕을 진하게 뭉쳐 놓은 맛이었다. 그런데도 맛있었다. 난데없이 비밀의 문을 열고, 눈부신 놀이 기구를 타고, 정신을 차려 보니 중세 유럽의 전쟁터에 오다니! 이런 엄청난 일을 겪고 먹으니까 더 맛있게 느껴지기도 했다.

"사탕을 설탕으로 만드는 건 알고 있지? 그래서 사탕의 역사는 설탕의 역사와 일맥상통하지. 설탕은 11세기부터 14세기 동안 네가 본 바로 이 전쟁을 통해서 유럽에 전파됐어. 전쟁에서 승리한 기사들이 이슬람 나라인 아랍 지역에서 설탕을 가져가게 된 거지. 설탕을 만들려면 사탕수수가 필요한데, 유럽은 사탕수수를 재배하기에 기후가 좋지 않아서 사탕수수란 걸 구경도 못 해 봤었어. 이 전쟁 이전까지는 단맛을 내려면 꿀을 사용했거든. 그런데 이 새하얗고, 곱고, 정말 다디단 설탕을 보니까 어땠겠어. 그래, 유럽 사람들은 설탕에 빠져들기 시작했단다. 그런데 전쟁터에서 가져오는 사탕은 얼마나 비싸고 귀했겠니. 상류층들만 겨우 먹었다고 해. 그러니까 너는 지금 중세 유럽의 귀족들만 먹을 수 있었던 아주 귀한 사탕을 먹고 있는 거야."

"아저씨가 그렇게 말하니까, 아껴 먹게 되네요."

"그래 아껴 먹어라. 그 사탕을 다 먹으면 여길 떠나야 하거든."

설탕이 엄청 귀했나 봐요?

유럽은 사탕수수를 재배하기에 기후가 좋지 않았지.

"네? 여기에 그렇게 오래 있고 싶지는 않지만……. 그런데 아저씨 아까 이긴 기사들은 왜 옷에 십자 마크가 있고, 십자 마크 깃발을 들었어요? 무슨 뜻이 있어요?"

나는 사탕을 쭙쭙 빨며 물었다.

"오! 그건 아주 중요한 의미가 있지. 그게 바로 네가 보았던 이 전쟁의 이름과도 관련이 있고 말이야. 십자 마크는 말이야."

아저씨가 말을 이어 가려는데 말을 탄 기사가 우리 쪽으로 다가오고 있는 것이 보였다. 뭐라 뭐라 소리치면서 엄청 화가 난 표정이었다. 손가락질하며 내 손에 든 보퉁이를 가리키고 있었다. 아! 사탕이 엄청 귀하고 비싸다고 했지?

"아저씨. 제가 사탕 훔쳐 먹었다고 화난 거 같은데요?"

"그런 거 같네. 사탕 빨리 먹어라. 어서 여기서 사라져야겠어."

갑자기 빨리 먹으라니, 나는 사탕을 와그작 깨물었다. 산산이 부서진 진한 단맛이 혀에 녹아들었다. 쩝쩝. 아 달콤해. 기사 아저씨는 점점 더 나를 향해 다가오고 있었다. 이런 사탕은 다시는 먹을 수 없겠지. 이런 생각을 하며 내 입안에서 마지막 남은 단물을 목구멍으로 넘긴 순간!

순간 이동이라도 한 것처럼 난 편의점 카운터 앞 츄파르룹 진열대 앞에 덩그러니 서 있었다. 이게 어떻게 된 일이지? 그 순간 덕훈 아

아저씨가 비밀의 문에서 헐레벌떡 뛰쳐나왔다.

"잘했다, 조금만 늦었으면 아휴."

난 눈만 끔뻑였다. 정말 아저씨 말대로 사탕을 다 먹는 순간 이곳으로 돌아왔다. 나는 내 볼을 꼬집어 봤다. 아야! 여기서 꼬집어 봐야 소용 없지. 아까 기사를 만났을 때 꼬집어야 했는데……

"자, 봤지? 비밀의 세계에서 얻은 음식을 다 먹거나 물건을 다 쓰게 되면 바로 다시 이곳으로 돌아오게 된다는 걸 명심해라."

"아저씨, 뭐예요? 저 꿈꾼 거예요?"

"네가 겪은 건 꿈이 아니야. 실제로 있었던 역사의 현장 속에 네가 잠시 다녀온 거란다. 꿈이 아니란 걸 확인하고 싶으면 내가 내는 퀴즈를 맞혀서 저 문으로 들어갈 기회를 또 만들면 된다."

나는 흥분이 가라앉지 않았다. 도대체 이 편의점의 정체가 뭐지? 덕훈 아저씨는 뭐 하는 사람이지?

"전쟁을 실제로 보다니 믿어지지 않아요. 아, 맞다! 그 전쟁! 전쟁 이름이 십자 마크랑 관련이 있다고요?"

"흐흐. 그래. 바로 그 전쟁 이름이 오늘의 퀴즈가 되시겠다."

도대체 뭐가 뭔지 모르겠지만 퀴즈를 맞히는 것만이 나의 궁금증을 풀 길이다.

오늘의 퀴즈

Q. 유럽 사람들이 본격적으로 사탕을 먹게 된 건 이슬람과의 전쟁으로 아랍 지역에서 유럽으로 설탕이 전파됐기 때문인데요. 11세기부터 14세기에 걸쳐 유럽인과 이슬람교도가 싸운 이 전쟁의 이름은 무엇일까요?

① 사탕 전쟁   ② 설탕 전쟁   ③ 십자군 전쟁   ④ 유럽 전쟁

이런! 아까 기사가 날 죽이려는 듯이 달려오지만 않았어도 아저씨한테 들을 수 있었던 정답이잖아. 너무 어려워. 이건 그냥 찍어야겠다. 사탕을 먹고 왔으니까……

"1번 사탕 전쟁!"

"땡!"

"아, 너무 어려웠어요. 다시 해요. 다시."

"'내일 '다시' 와서, '다시' 하도록 해라. 정답은 3번, 십자군 전쟁이야. '십자' 마크잖아. 오늘은 이 십자군 전쟁 이야기나 마저 듣고 가거라."

아! 십자 마크! 아깝다. 힌트를 보고도 못 맞히다니. 내가 본 그 무시무시한 싸움의 이름이 '십자군 전쟁'이었구나.

사탕의 세계사

십자군 전쟁

사탕의 주원료가 설탕이라는 건 알고 있지? 설탕이 발견되기 전에도 사탕이 있었는데, 고대 이집트인들은 허브 식물인 마시멜로의 뿌리를 꿀과 견과류와 섞어 뭉쳐서 먹었대. 상류층이 즐겨 먹었다는 기록이 있어.

인류 최초의 설탕은 기원전 4세기 고대 인도 사람들이 만들었단다. 설탕의 원료가 되는 사탕수수의 원산지가 바로 인도 갠지스강 유역이기 때문이야. 이때 만들어진 설탕의 결정체가 사탕의 원형이라고 할 수 있지. 인도를 중심으로 생산되던 설탕이 본격적으로 여러 지역으로 전파된 건 이슬람교도들에 의해서야. 7세기 초에 아라비아반도에서 탄생한 이슬람교는 서쪽으로 계속 포교를 했고, 이슬람교도가 지배하게 된 곳에는 사탕수수 재배 기술과 설탕과 사탕 제조 기술도 함께 전파되게 됐어. 그래서 기독교를 믿는 유럽인들에겐 전해지지 않았지.

그런데 11세기부터 14세기에 이른 긴 전쟁 속에서 이슬람 제국에서 유럽으로 설탕과 사탕이 전파되게 되는데, 이 전쟁이 바로 십자군 전쟁이야. 십자군 전쟁은 유럽인들이 기독교의 성지인 예루살렘을 찾으려는 데서부터 시작했어. 예루살렘은 기독교 신자라면 누구나 가 보고 싶어 하는 의미 있는 곳이었지만, 이슬람교도의 땅이 된 지 오래였거든.

기독교의 십자가 표시를 깃발에 걸고, 유럽의 봉건 영주들과 기사, 귀족들은 예루살렘으로 향하기 시작했어. 예루살렘까지 가는 먼 여정 속에서 1차 십자군은 우여곡절 끝에 예루살렘을 차지하게 돼. 하지만 예루살렘을 빼앗긴 이슬람교도들이 가만히 당하고만 있지는 않았겠지. 다시 예루살렘을 되찾으려 싸움을 하고, 또다시 예루살렘은 이슬람교도들의 땅이 되지. 그러면 또 기독교인들은 가만히 있었겠어? 다시 2차 십자군 원정을 하게 돼. 두 번으로 끝난 게 아니라 이런 식으로 계속 싸움을 하게 돼서 (연구하는 학자에 따라서 달라지긴 하지만) 총 여덟 번에서 열세 번의 긴긴 싸움을 하게 되지.

하지만 유럽인들이 예루살렘 탈환에 성공한 것은 1차 십자군 원정이 유일했어. 처음에는 종교적인 이유에서 시작한 전쟁이었지만, 긴 세월을 보내면서 전쟁의 목적이 조금 변하기도 했어. 돈이 되는 땅을 정복하려는 욕심으로 말이야. 십자군이 이슬람 세력인 트리폴리 공국과 동맹을 맺으려다가 그곳의 사탕수수 농장을 보고는 돌변해서 전쟁을 벌였다는 이야기가 전해지거든. 당시에 설탕이 얼마나 귀하고 가치 있었는지 알려 주는 얘기지.

이렇게 4세기에 걸친 긴 전쟁은 서로에게 많은 상처를 안겨 주었지만, 이 전쟁을 통해 유럽은 변화하기 시작했어. 당시에 유럽보다 훨씬 더 뛰어났던 동방의 문화와 접촉하고 교류하는 계기가 됐거든. 설탕이 전파된 것도 큰 사건이지. 유럽인들은 아랍으로부터 설탕뿐 아니라 설탕 제조 기술까지 받아들여서 시칠리아 같은 지중해 지역에서 사탕수수를 재배하기 시작했어. 베네치아 상인들은 정제 기술까지 익히게 되지. 이렇게 점점 널리 유럽에 전해진 설탕과 사탕은 귀족들만 맛보는 사치품이 됐어. 설탕은 곧 돈이 되고, 이렇게 벌어들인 돈은 '서양 문화의 어머니'라고 불리는 르네상스 시대를 맞이하는 밑거름이 되지. 르네상스는 유럽의 전성기라 할 수 있는 근대 시대로 가는 길을 열어 주게 돼.

사탕 인물 돋보기

엘리자베스 1세 여왕

유럽에 전해진 설탕은 너무 귀하고 비쌌기 때문에 귀족과 왕족들만 즐기는 음식이었어. 그런데 어떤 귀족들은 이가 까맣게 썩을 때까지 설탕을 먹었다고 해. 그중에서도 영국의 왕은 설탕 사랑이 남달랐는데, 16세기 영국의 왕 헨리 8세는 채소와 감자, 달걀, 고기, 심지어 와인에도 설탕을 넣어 먹었다고 해. 또, 사탕 장식을 화려하게 만들어서 식탁 한가운데에 올리기도 했어.

나 엘리자베스 1세도 설탕 없이 못 살았지.

헨리 8세의 딸인 엘리자베스 1세 여왕도 설탕 사랑으로는 아버지에게 뒤지지 않았어. 사탕과 초콜릿, 담배를 너무 좋아해서 나중에는 이가 거의 다 빠질 지경이었다고 해. 특히 향기로운 라벤더를 넣어 만든 사탕을 제일 좋아했대.

엘리자베스 1세 여왕은 대영 제국의 시대를 연 '위대한 여왕'으로 불리지만, 그녀의 어린 시절은 매우 불행했어. 엘리자베스가 세 살 때, 어머니 '앤 불린'이 불륜과 반역죄로 처형되거든. 왕위 계승권 3위였던 엘리자베스는 끊임없는 위협에 시달리며 시골 마을에서 조용히 어린 시절을 보내게 되지.

헨리 8세가 세상을 떠나고, 첫 번째 뒤를 이은 에드워드 왕이 7년 만에 병으로 세상을 떠나고, 두 번째로 뒤를 이은 사람은 엘리자베스의 이복 언니인 메리였어. 메리 여왕은 열렬한 카톨릭 신자였기 때문에 아버지가 왕이었을 당시의 종교 개혁으로 인해 신교도들이 늘어난 것을 참을 수가 없었어. 그래서 신교도들을 무차별적으로 화형에 처하고 잔인하게 형벌을 내리게 되지. 그래서 얻은 별명이 '피의 메리'야.

그런데 '피의 메리' 언니도 왕위를 길게 지키지 못하고 5년 만에 병에 걸려 세상을 떠나게 돼. 언니의 뒤를 이어서 엘리자베스가 국민의 열렬한 환영을 받으며 왕위에 오르게 되지. 시골에 숨어 살던 처지에서 하루아침에 영국의 여왕이 된 거야.

엘리자베스 여왕은 어린 시절부터 총명하고 대담하기로도 유명했어.

왕위에 오른 뒤엔 여러 업적을 많이 남겼지. 스페인 함대를 물리쳐 국방을 튼튼히 하고, 지금의 의회 역할을 하는 추밀원과 싸우지 않고 협력하는 모습을 보여 줬지. 계급이나 출신을 따지지 않고 신하를 뽑기도 했어. 45년 동안 영국을 다스린 엘리자베스 여왕은 영국을 해가 지지 않는 나라, 대영제국으로 발전시켰어. 지금도 영국인들은 엘리자베스 1세 여왕을 가장 위대한 정치 지도자로 뽑는다고 해. 그 멋진 여왕이 사탕을 너무 좋아해서 이가 다 빠져 있었다는 걸 생각하면 어쩐지 웃음이 나기도 하네.

귀하고 달콤한 사탕

　우리나라에서는 설탕을 언제부터 먹었을까? 삼국 시대에 당나라를 통해서 접했을 것이라는 추측이 있지만 정확한 기록은 없어. 분명한 기록은 고려 시대에 이인로가 지은 《파한집》에 나오는데, 중국에서 후추와 함께 설탕이 들어왔다는 기록이 있어. 또 조선 시대 역사책 《연려실기술》에는 설탕을 약으로 사용했던 기록도 있지. 당시의 설탕과 사탕은 너무나 귀한 것이기 때문에 왕족조차 먹기가 어려웠는데, 세종 때인 1446년에 병에 걸린 소헌왕후가 사탕을 맛보고 싶어 했었다는 기록이 《문종실록》에 있어.

　소헌왕후의 아들인 세자 이향(훗날의 문종)은 어머니를 열심히 간호했지만 소헌왕후는 사탕 맛을 보지 못하고 세상을 떠났지. 소헌왕후의 삼년상이 아직 안 끝났을 때, 누군가가 문종에게 사탕을 바쳤다고 해. 사탕을 받고 어머니 생각이 난 문종은 어머니를 모셔 놓은 사당으로 가서 위패 앞에 사탕을 바치고 '왜 이제야 이걸 구했을까.' 애통해하며 눈물을 흘렸다고 해. 그 정도로 진귀한 음식이었지.

　이렇게 귀한 설탕을 본격적으로 사고팔기 시작한 것은 일제 강점기야. 하지만 그때도 가격이 쇠고기보다 두 배나 비쌌대. 1953년, 한국 전쟁이 끝나고 '제일제당(CJ)'이라는 회사가 설립되면서 국내에서도 설탕을 생산하기 시작했어. 이때부터 설탕 소비가 급격히 늘어났지. 사탕도 다양한 종류가 생겨나고, 가격도 저렴해졌어. 1960년대에는 설탕을 듬뿍 넣고 녹인 다음 소다를 넣어서 부풀려 만드는 '뽑기'나 '달고나' 같은 불량 식품이 유행할 정도로 설탕이 흔해졌단다. 사탕은 많이 먹으면 건강에 좋지 않기 때문에, 예전만큼 인기를 끄는 간식은 아니지만, 가끔은 달콤한 유혹을 이겨 내기가 참 어려워. 그렇지?

사탕의 TMI

정보 한 알

사탕수수로부터 설탕을 만드는 과정은 매우 단순해. 수확한 사탕수수를 갈아서 설탕즙을 짜낸 다음, 이 즙을 졸이면 결정 형태의 설탕을 얻게 되거든. 그런데 문제는 이 단순한 과정에 엄청난 노동력이 필요하다는 거야. 이집트에는 사탕수수를 심어서 베기까지 스물여덟 차례에 걸쳐 물을 대야 했다는 기록이 남아 있어. 또 사탕수수는 땅을 황폐하게 하는 성질이 있어 재배 지역을 자주 옮겨 줘야 하거든. 이렇게 키워서 설탕을 얻는데 무척 힘이 들기 때문에 사탕수수 재배는 훗날 노예들이 도맡아 하게 돼.

정보 두 알

사탕을 뜻하는 영어 단어 '캔디(candy)'의 어원은 여러 가지 설이 있어. 라틴어로 '캔(can)'은 설탕, '디(dy)'는 틀에 흘려 넣어 굳힌다는 뜻인데 여기서 유래했다는 설도 있고, 인도어로 설탕 결정체를 칸다(khanda)라고 부른 것에서 유래됐단 설도 있어.

정보 세 알

16세기 유럽인들에게 설탕은 식품이라기 보다는 약품이었대. 당시의 사람들은 영양 상태가 좋지 않은 사람들이 많아서 칼로리가 높은 설탕을 먹으면 힘이 불끈 나는 효과가 있었던 거지. 또 과학적으로 약이 된다는 근거가 없어도 워낙 비싸고 귀했기 때문에, 당연히 몸에 좋고 병을 고친다는 믿음이 있었대.

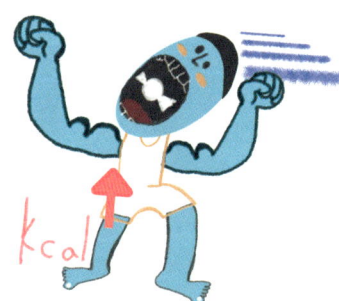

편의점에서 흔히 만나 볼 수 있는 막대 사탕 츄파츕스는 1958년 스페인에서 탄생한 브랜드야. 연간 40억 개 이상의 막대 사탕을 전 세계 150여 개국에 판매 중이래. 츄파츕스 윗부분에 새겨진 빨간색 로고 기억나니? 이 로고는 놀랍게도, 흘러내리는 시계 그림으로 유명한 초현실주의 화가 살바도르 달리(Salvador Dali)가 디자인한 작품이야. 츄파츕스의 창업자 엔리크 베르나트(Enrich Bernat)와 달리는 친구였다고 해. 베르나트는 눈에 확 들어오는 로고를 만들고 싶어 했고, 달리는 즉석에서 친구를 위해 로고를 그렸어. 데이지 꽃 모양을 그리고, 노란 바탕에 눈에 잘 띄게 두꺼운 폰트를 썼어. 포장할 때는 로고가 사탕 꼭대기에 올 수 있도록 그렸지. 달리가 그린 대로 포장지를 바꾼 덕분인지 츄파츕스는 선풍적인 인기를 끌게 돼. 큰 유리병에 사탕을 담아서 아이들의 손이 닿는 곳에 두는 전시 방식과 다양한 맛도 인기의 비결이야. 츄파츕스가 막대 사탕의 대명사이자, 세계 1위가 된 데는 이런 숨겨진 이야기가 있어.

정보 다섯 알

국제설탕협회(ISO)에 따르면 한국의 연간 1인당 설탕 소비량은 26킬로그램 이상이래. 1인당 쌀 소비량(75킬로그램)의 3분의 1에 해당하니까 생각보다 많이 먹는 편이지? 그런데 미국을 비롯한 다른 선진국은 한 사람이 1년에 35킬로그램 이상의 설탕을 먹기 때문에 한국인들은 오히려 설탕을 조금 먹는 편이래.

정보 여섯 알

무엇보다 가공식품에 들어 있는 설탕은 물에 녹아 있는 당류 형태로 들어 있는데, 우리 몸에 매우 좋지 않아. 설탕을 많이 먹으면 살이 찌고, 당뇨나 대사 증후군의 위험이 커지고, 심혈관계 질환에 걸릴 가능성도 커지지. 물론, 충치도 잘 생긴다는 건 말하지 않아도 알지?

식품 의약품 안전처에서 가공식품을 통한 한국인의 당류 섭취 수준을 분석해 보니까, 한국인의 섭취량은 세계보건기구(WHO) 권고 기준보다 낮았어. 하지만 놀랍게도 유아와 청소년의 섭취량은 오히려 높았대. 어린 시절에 즐겨 먹는 과자나 사탕, 주스 같은 간식들에 들어 있는 설탕의 양이 그만큼 많다는 거지. 당류 섭취가 높을수록 소아 비만과 영양 불균형을 초래할 수 있으니까 주의가 필요해.

엄마도 모르는
아메리카노의 비밀

커피

어제 편의점에서 있었던 일이 까마득한 꿈처럼 느껴졌다. 비밀의 문을 열고 겪었던 일들이 자꾸만 머릿속을 맴돌았다. 주말에는 되도록 편의점에 가지 않는 게 엄마가 정해 준 규칙이었지만 나는 안절부절 엉덩이가 들썩였다. 그래. 어떻게든 편의점에 가야 해!

"엄마? 피곤하지 않아요? 내가 요 앞에 편의점 가서 커피 한 잔 사 올까요?"

"또 편의점에 가서 뭘 사 먹으려고 그래. 오늘은 편의점 인스턴트 음식 말고 엄마가 해 주는 거 먹어."

"아니에요, 엄마. 진짜 엄마가 피곤한 거 같아서 그래요. 커피만 사 올게요. 네?"

"아니. 애가 왜 시키지도 않은 커피를 사 온다고 난리야."

엄마는 말은 그렇게 하면서 지갑을 뒤적이고 있었다.

"네 말 들으니까 갑자기 커피 마시고 싶잖아. 음, 그럼 '아아'로 부탁해. 다른 건 사 먹지 말고."

"아아? 아! 아이스 아메리카노? 예스 맘! 엄마. 금방 다녀올게요!"

엄마의 허락이 떨어지기가 무섭게 나는 HS 편의점으로 내달렸다. 헐떡이며 편의점 문 앞에 섰다.

"커피요! 커피!"

지잉 소리를 내며 편의점 문이 열렸다. 덕훈 아저씨가 비밀의 문을 열고 나오며 눈을 비볐다.

"아니, 주말 이 시간에 웬일이냐. 거기다가 웬 커피? 초등학생이 벌써부터 커피 마시면 못 써."

"제가 마시려는 게 아니고, 엄마 심부름이에요. 아무거나 빨리. 아! 아니다. 아아! 아이스 아메리카노로 주세요. 그리고요, 아저씨. 저 문 있잖아요. 오늘도 들어갈 수 있어요? 어떻게 들어가요? 저번에 그거 어떻게 한 거예요? VR 게임 뭐 그런 거예요? 아저씨는 아무 때나 들어갈 수 있는 거예요? 오늘도 들어갈 수 있어요? 조금 전에는 뭐 하다 나온 거예요? 도대체 아저씨는 정체가 뭐예요?"

"너 숨은 쉬고 말하는 거야? 거참. 그새 우리 편의점 규칙을 잊은 거니? 저 문을 아무 때나 들어갈 수 있으면 왜 규칙이 있겠냐. 일단 오늘은 커피를 주문했으니까 잠시 기다려라."

아저씨는 비밀의 문을 열고 사라졌다. 달칵 문을 잠그는 소리가 들렸다. 잠시 후, 아저씨는 빵이 담긴 접시를 들고 나왔다.

"어? 아저씨? 커피는요?"

"커피는 굳이 뭐 비밀의 문에서 가지고 올 필요까진 없어. 여기서 만들면 되지."

아저씨는 계산대 옆에 있는 커피 기계에 얼음 컵을 갖다 대고 에스프레소 버튼을 눌렀다. 지잉 하는 소리와 함께 진한 커피가 뽑혀 나왔다. 커피와 얼음이 섞인 컵에 물을 부은 다음 나에게 내밀었다.

"자! 커피 나왔다. 아이스 아메리카노. 어머님 잘 갖다 드려."

"어? 이 커피는 그냥 평범하네요? 엄마한테 드릴 건데 또 이상한 커피를 주면 어쩌나 했어요."

"아이스 아메리카노는 오래전에 처음 생겼을 때나 지금이나 뭐 크게 달라진 바가 없거든."

"다행이다. 그런데 이건 웬 빵이에요? 커피랑 같이 먹으면 맛있는 디저트 서비스?"

사실 디저트라고 하기에 빵의 모양이 볼품없었다. 특히, 빵에 잼처럼 소스가 발라져 있었는데 화단에서 퍼 온 흙 같기도 하고, 마치 커피 가루 찌꺼기 같았다. 설마…….

"이건 기원전 3세기에 먹던 커피의 원조지. 그때의 커피는 물에 타 먹는 게 아니라, 커피콩을 빻고 볶아서 빵에 발라 먹었거든. 어때? 한 입 먹어 볼래?"

나도 드디어 커피를 먹어 볼 수 있는 건가? 호기심이 생겨 빵을 한 입 크게 베어 물었다. 우웩! 에퉤퉤. 어른들은 이렇게 쓴 커피를 뭐가 맛있다고 매일 먹는 거지? 흙을 먹어 본 적은 없지만 흙 맛 같았다. 아저씨는 내 속마음을 읽은 것처럼 말을 이었다.

"커피를 왜 먹느냐고? 아, 이건 설명하기 너무 어려운데……. 그건 너도 어른이 되면 알 수 있을 거야. 그럼 아주 아주 옛날, 처음 커피를 마신 사람들은 이 쓴 걸 왜 먹게 됐을까? 여러 가지 전해지는 이야기가 있는데 말이야. 가장 유명한 얘기는 에티오피아의 목동 '칼디' 이야기란다. 칼디는 염소들을 돌보는 목동이었는데, 평소에 얌전하던 염소들이 어느 날 붉은 열매를 뜯어 먹더니만 밤에 잠도 안 자고 춤추면서 뛰어다녔다지 뭐니. 그 붉은 열매가 바로 커피 열

이 열매를 먹으면 힘이 불끈 솟아!

매였던 거야. 그 덕분에 커피 열매가 정신을 깨우고 피로를 덜어 준다는 사실을 알게 됐지. 그때부터 이렇게 커피 가루를 빵에 발라 먹었다는 얘기가 있어."

나는 입안에 남은 커피 가루를 뱉으며 물었다.

"이렇게 맛없는데 물에 우려 마시면 좀 나아요?"

"음, 인간은 지혜의 동물이란 말이 있지. 커피콩을 볶으면 구수한 냄새가 나고, 물에 타 마시면 더 맛있다는 걸 금세 알게 됐단다. 자, 이 커피콩 향을 한번 맡아 봐라."

아저씨는 커피 열매 몇 개를 손바닥에 올려 비빈 뒤에 내 코밑에 들이댔다. 아까 맛본 쓰디쓴 맛에서는 전혀 느낄 수 없던 구수한 향

커피 향이 무척 구수하구나!

이 느껴졌다. 엄마가 왜 그렇게 커피를 좋아하는지 아주 조금은 알 것 같았다. 내가 코를 킁킁대며 냄새를 맡는 동안 아저씨는 말을 이어 갔다.

"네가 지금은 커피 맛을 볼 수도 알 수도 없지만 언젠가는 푹 빠질 날이 올 거다. 오랜 역사를 거쳐서 지구 곳곳의 수많은 사람이 커피 맛에 빠져들었거든. 커피는 원산지인 에티오피아에서 예멘을 거쳐서 중동 지역까지 퍼졌고, 중동 사람들에게 많은 인기를 얻게 되지. 그다음에는 이슬람 국가인 터키를 거쳐서 유럽까지 전파됐어."

"냄새는…… 쪼오금 좋긴 하지만, 뭐가 이게 맛있다고……. 정말 이해할 수가 없네요. 유럽 사람들도 커피를 좋아했어요?"

"처음에는 이슬람에서 전파된 거라고 커피를 무시하고 멀리하기도 했지. 하지만 커피 맛에 중독된 사람들이 늘어나면서 역시나 점점 인기를 끌게 됐어. 그러다가 커피가 널리 사랑받게 된 아주 중요한 계기가 있는데, 바로 커피가 교황에게 세례 받은 일이지."

"엥? 교회에 다니는 사람들이 받는 세례를 커피에요?"

"맞아. 당시의 유럽은 철저한 기독교 중심의 사회였기 때문에, 이슬람에서 온 커피를 사탄이 만든 음료라고 부르는 사람들도 있었어. 로마의 사제들은 당시의 교황인 클레멘트 8세에게 커피를 금지해 달라고 요청했지. 그런데 웬걸. 교황이 커피 맛을 보고는 반해 버

리고 만 거야. '참으로 감미로운 음료이다. 커피에 세례를 베풀고, 악마를 바보로 만들어 기독교인들의 음료로 만들어 버리자.' 이 훌륭한 맛을 이슬람 사람들만 즐기면 안 된다면서 커피에 '세례'를 내리게 되지. 이 일을 계기로 커피는 일반 사람들에게까지 널리널리 퍼지게 돼. 교황에게까지 인정받은 커피를 거부할 일은 없었겠지?"

"교황님이 참 열려 있는 분이셨네요. 사탄의 맛이라도 맛있으면 우리 거! 그런데 유럽에서 인기를 끈 커피가 어떻게 미국까지 간 거예요? 우리 엄마가 제일 좋아하는 커피는 이거! 아메리카노거든요. 아메리카는 미국인데……. 미국에도 아주 열려 있는 분이 계셨나?"

아저씨는 대답 대신 커피 기계 앞으로 가더니 아메리카노 버튼을 눌렀다. 구수한 향기가 편의점을 가득 채웠다. 아저씨는 방금 뽑은 아메리카노 커피를 한 모금 마시더니 말을 이어 갔다.

"커피 얘기를 하다 보니 커피가 당겨서 말이야. 미국에 처음 커피가 전해진 건 영국이 식민 지배를 하던 때라는 얘기가 있지. 그런데 이 아메리카노가 생겨난 건 '보스턴 차 사건'이라는 아주 특별한 역사적인 배경이 있단다."

"커피 얘기하다 말고 왜 차 얘기가 나와요? 그런데요, 아저씨. 저 엄마가 기다려서 가 봐야 할 것 같은데……."

아저씨는 한참 신나게 이야기하다가 김샜다는 표정이었다.

"그래. 그럼 커피 흘리지 않게 잘 들고 가라."

"아니요. 아저씨, 문제! 문제 내주셔야죠. 저 문제 맞히려고 엄마에게 사정사정해서 온 건데……."

"아니 뭐. 내 얘기도 다 안 듣고 가면서 문제는 무슨 문제야. 포인트가 그렇게 호락호락하게 얻어지는 건 줄 알아?"

"아이, 아저씨. 제발요. 커피에게 세례를 내린 너그러운 교황님처럼 아저씨도 한 번만요."

"거참. 다음부터 내 말 끊고 그러면 포인트는 없을 줄 알아. 오늘만이야."

"네! 쉬운 걸로…… 쉬운 걸로 내주세요!"

오늘의 퀴즈

Q. 전 세계 커피 소비량 1위 나라는 어디일까요?

① 현존하는 가장 오래된 커피 하우스가 있는 이탈리아

② 커피와 곁들여 먹는 다양한 디저트가 있는 프랑스

③ 아메리카노가 탄생한 미국

④ 한 집 건너 하나씩 카페가 있는 대한민국

"아이, 너무 어렵잖아요! 힌트! 힌트!"

"아니. 내 얘기를 끝까지 들었으면 아주 쉽게 맞출 수 있는 문제였다고. 네가 끝까지 안 들어서 놓치는 문제야. 이건."

아저씨는 미국 아메리카노 얘기를 하다 말았다. 그렇다면……

"3번! 미국! 미국 맞죠?"

"그래, 맞았다. 내가 미국 커피에 대해 얼마나 할 말이 많았는데……. 아무튼 오늘은 엄마 심부름 온 게 기특해서 그냥 보내 주는 줄 알아."

"네! 아저씨, 내일 또 올게요!"

편의점을 나서는 내 손에 들린 아이스 아메리카노의 얼음이 녹고 있었다. 오늘은 편의점에서 사 먹은 것도 없는데, 배부른 기분이 들었다. 엄마 기다려! 내가 간다!

커피의 세계사

보스턴 차 사건

아메리카노가 탄생하게 된 배경인 보스턴 차 사건에 대해 들어 볼래? 보스턴 차 사건은 1773년에 미국 보스턴 항구에 머무르던 영국 동인도 회사의 배에 원주민으로 분장한 미국인들이 올라타서 배에 실려 있던 차 상자를 몽땅 바다에 던져 버린 사건이야. 왜 멀쩡한 차 상자를 바다에 던졌을까?

이 사건을 이해하기 위해서는 동인도 회사에 대해 먼저 알아볼 필요가 있어. 동인도 회사는 17세기 초에 영국, 프랑스, 네덜란드 등 유럽의 여러 나라에서 생겨났어. 미지의 세계인 동양과의 무역을 위해서였는데, 다른 회사와 경쟁하지 않고 오직 혼자서만 무역할 수 있는 권리를 나라에게 받았지. 각 나라를 대표하는 동인도 회사들은 후추, 커피, 사탕 등 동양의 특산품을 서로 차지하려고 치열한 경쟁을 했어. 경쟁하는 과정에서는 폭력 같은 올바르지 못한 방법도 사용하게 됐지. 그 과정에서 동인도 회사는 단순히 무역만 하는 회사가 아니라, 무역하던 땅을 식민지로 만드는 역할을 했어. 식민지로 삼은 땅에서 세금을 걷고 나라의 세력을 넓히는 데 앞장섰지.

동양뿐 아니라 영국의 식민지였던 미국에도 동인도 회사가 진출해 있었어. 영국 정부는 미국인들이 즐겨 마시던 차를 무조건 영국 동인도 회사를 통해서만 수입하고, 수입된 차에는 엄청나게 많은 세금을 내게 했단다. 당연히 미국 사람들의 불만이 커져 나갔지. 그러다가 사건이 터지게 된 거야. 영국의 지나친 간섭에 분노한 사람들이 동인도 회사의 배 두 척을 습격해서 342개의 차 상자를 깨뜨리고 바다에 던져 버렸어. 보스턴 항구가 아주 큰 찻주전자가 되었다고 할 만큼 충격적인 사건이었지.

이 사건을 계기로 영국은 식민지 탄압을 더 심하게 하고, 손해 배상을 요구했어. 하지만 미국 시민들은 영국의 요구를 거절하고 더욱 똘똘 뭉쳐 반발하게 되지. 결국 이 사건을 계기로 미국의 독립을 꿈꾸는 사람들이 모이게 되면서, 보스턴 차 사건은 미국 독립 전쟁의 발판이 되었어. 미국의 역사에 있어 아주 중요한 사건이야.

그런데 보스턴 차 사건과 아메리카노가 무슨 상관이 있냐고? 차를 모조리 바다에 버렸다고 했잖아. 이 일을 계기로 미국 사람은 차를 마시는 건 영국 편을 드는 거라는 생각을 하게 돼. 하지만 습관처럼 마시던 차를 하루아침에 끊기란 어려웠지. 그래서 커피를 차와 비슷한 농도로 연하게 타 먹기 시작했어. 커피를 마시는 사람이 곧 애국자다! 커피를 마시는 게 독립운동이다! 이런 생각이었던 거야. 그때부터 차 대신 연한 커피를 마시기 시작한 미국인들은 자기만의 방식으로 커피 문화를 발전시켰어. 그 연한 커피가 바로 아메리카노의 시작이고 말이야.

커피
인물 돋보기

가브리엘 드 클리외

세계 1위 커피 수출국은 중남미에 있는 브라질이야. 브라질을 비롯한 중남미 지역은 아주 중요한 커피 생산지지. 이 지역에서 커피나무가 뿌리를 내리고 자라게 된 건 18세기부터인데, 프랑스의 해군 장교 '가브리엘 드 클리외'라는 사람 때문이란다. 커피의 역사에서는 빼놓을 수 없는 인물이지.

클리외는 보병대 대위를 하며 머무르던 중남미 카리브해의 작은 섬 '마르티니크'에 커피나무를 심고 싶었어. 여러 가지 기후 조건이 딱 커피가 잘 자라기에 알맞아 보였거든. 1723년에 잠시 본국인 프랑스로 돌아왔던 클리외는 커피나무를 마르티니크에 가져갈 계획을 세웠어. 당시에 프랑스에는 루이 14세 왕이 암스테르담 시장에서 선물받아 귀하게 기르던 커피나무가 있었거든. 왕립 식물원 온실에서 소중하게 자라고 있는 커피나무를 얻기 위해서 클리외는 왕실 사교계에 잘 알려진 귀부인의 호감을 이용해 몰래 식물원에 들어갔고 결국 커피나무 묘목을 훔쳤지.

클리외는 겨우 얻어 낸 커피나무 묘목을 배에 싣고 대서양을 건넜어.

폭풍우의 위기도 겪고, 배 안에서 목이 말라서 죽을 것 같은 순간에도 자기가 먹을 물을 커피나무에 양보하면서까지 커피나무를 살려 냈지. 겨우 살린 커피나무를 가져와서 마르티니크 섬의 대농장에 심었어. 예상대로 적절한 기후 덕분에 커피나무는 정말 잘 자라났고, 50년 후에는 1800만 그루로 늘어날 정도로 대성공을 거뒀어.

당시에는 인도네시아 자바 섬에 있는 네덜란드의 커피 농장이 세계 시장을 지배했지만, 클리외의 마르티니크 섬 커피 농장이 성공하면서 네덜란드의 독점은 무너지고, 프랑스는 더 강한 제국이 되었지. 클리외 역시 엄청난 부자가 됐어.

가브리엘 드 클리외가 목숨 걸고 지켰던 작은 커피나무 묘목은 세계 커피 생산량의 70퍼센트를 차지하는 라틴 아메리카 커피의 시초인 셈이야. 클리외는 작은 커피 묘목을 들고 배에 오를 때, 자신이 커피의 역사에 큰 획을 그을 것이란 걸 짐작할 수 있었을까? 역사는 늘 이렇게 예측할 수 없는 곳에서 생겨나곤 한다니까.

커피의 한국사

커피를 사랑해!

우리나라에서 어른 한 명이 1년 동안 마시는 커피는 353잔이래. 세계 평균이 132잔이라고 하니까, 우리나라 사람들의 커피 사랑이 정말 대단하지? 그렇다면 우리나라에서는 커피를 언제부터 마시기 시작했을까?

우리나라에 커피가 들어온 건 조선 시대 말기야. 서양의 선교사와 외교관들이 우리나라를 오가면서 자연스럽게 전해졌지. 당시에 커피는 '가비차'나 '가배차'라고 불렸어. 또 색깔이 검고 쓴맛이 나니까 꼭 약초를 달인 탕약 같다면서 '서양의 탕국'이라는 뜻의 '양탕국'이라고 부르기도 했지. 커피의 카페인 성분 때문에 힘이 나다 보니까 인삼보다 몸에 좋다는 소문까지 났어.

특히 조선의 마지막 왕이자, 대한 제국 제1대 황제인 고종은 커피 애호가로 유명해. 고종은 자신에게 커피를 소개한 독일인 통역사 손탁 여사에게 호텔을 지어 줬는데, 그 호텔 1층에 한국 최초의 커피숍이 생겼어. 일반 서민들이 커피를 접하게 된 건 1900년대 초반에 프랑스 상인 브라이상이 나무꾼들에게 공짜 커피를 준 게 처음이라고 전해져. 일제 강점기에는 일본인이 서울 명동에서 다방을 운영하기도 했지. 한국 전쟁 이후에는 본격적으로 다방 수가 늘어나면서 커피가 널리 보급되기 시작했어. 특히 그 당시에는 요즘 어른들이 많이 마시는 원두 커피가 아니라 미군을 통해 들어온 인스턴트 커피가 유행이었어. 설탕과 크림을 듬뿍 탄 달콤한 커피가 대중의 입맛을 사로잡았지.

서울에서 올림픽이 열린 1988년 12월에 서울 압구정동에 첫 원두 커피 전문점이 생겼고, 1999년에는 세계적인 커피 프랜차이즈 대표 브랜드인 스타벅스가 들어오면서 본격적인 원두커피 커피숍 시대가 열렸어.

커피를 마시는 공간에는 사람이 모이고, 사람들이 나누는 이야기가 있고, 그래서 문화와 역사가 생겨났지. 커피는 단순히 음료가 아니라, 하나의 문화라고 부르는 이유도 바로 그 때문이야. 관세청에 따르면 2021년의 커피 수입액은 9억1648억 달러로 약 1조488억 원을 기록했어. 또, 국세청의 통계를 보면 2021년 말 기준 커피전문점 수는 무려 8만3363개였어. 전국에 5만 곳 정도 있는 편의점보다도 훨씬 많아. 정말 대단하지? 이제 한국의 문화에서 커피를 빼놓을 수는 없을 것 같아.

커피의 TMI

정보 한 잔

전 세계인에게 인기가 있는 커피를 왜 어린이는 마시면 안 되는 걸까? 바로 커피에 함유된 카페인이 성장기 어린이에게 좋지 않은 영향을 주기 때문이야. 잠을 제대로 못 자거나, 신경이 과민해지기도 하고 가슴이 두근거리고 불안해지기도 하고 여러 가지 병에 시달릴 수 있어. 어린이와 청소년은 체중 1킬로그램 당 2.5밀리그램 이하의 카페인이 허용되는데 사실 카페인은 커피뿐 아니라, 탄산음료나 초콜릿에도 들어 있기 때문에, 알게 모르게 카페인을 먹을 수 있지. 그러니까 카페인이 엄청 많이 들어 있는 커피는 마실 생각은 하지 않는 게 좋아. 커피 우유도 조심해야 해. 커피의 오묘한 맛을 제대로 느낄 수 있는 어른이 되면 그때 즐겨 보렴.

정보 두 잔

한국인들의 커피 사랑이 대단하다 보니 편하게 들를 수 있는 편의점에서 커피를 사 마시는 사람도 워낙 많다고 해. 현재 편의점 커피 시장은 2조 원에 가까운 규모야. 편의점 커피는 저렴하기도 하고, 예전과 비교해 품질도 좋아져서 그 인기가 쉽게 식지 않을 것 같아.

정보 세 잔

매년 10월 1일은 세계 커피의 날(International Coffee Day)이야. 국제 커피 기구(ICO)가 2015년부터 지정한 기념일이지. 커피에 대해 더 널리 알리고, 커피와 관련된 문제도 해결하기 위해 만들었어. 세계 최대 커피 산지인 남아메리카와 아프리카에서 9월에 커피 수확을 마치기 때문에 그다음 달인 10월 1일에 커피의 새해가 시작된다는 의미를 담았다고 해.

정보 네 잔

세상에서 제일 비싼 커피로 알려진 루왁 커피에 대해 들어 본 적 있니? 루왁은 인도네시아어로 '사향 고양이'라는 뜻이지. 루왁 커피는 사향 고양이가 먹은 커피 열매가 똥으로 나온 것을 잘 씻어서 만든 커피야. 고양이 똥에서 만들어 내려니까 만들기도 힘들고, 조금씩만 생산돼서 비쌀 수밖에 없어. 최근에는 일부 농장에서 루왁 커피를 만들기 위해 사향 고양이를 학대한다는 사실이 알려져서 충격을 주기도 했지. 야생에서 잡혀 온 사향 고양이가 더럽고 좁은 철창에 갇혀서 커피 열매를 먹으며 살아가는데, 야생에서의 평균 수명은 10~15년 정도지만 우리에 갇히면 2~3년밖에 못 산다고 해. 맛있는 커피를 마시는 것도 좋지만 그 때문에 희생되는 생명은 없었으면 좋겠어.

정보 다섯 잔

똑같은 커피 원두로 수없이 다른 맛을 낼 수 있어. 커피콩을 얼마나 오래 볶는지, 어떤 크기로 잘게 부수는지, 어떤 도구를 통해 추출하는지에 따라서 미세한 차이가 나거든. 그 차이를 연구하고 대중의 입맛에 맞는 맛있는 커피를 전문적으로 만드는 사람을 '바리스타'라고 해.

줄 서서 사 마시는
신선한 맛

또 꼴찌다. 키 꼴찌. 작년에도 같은 반 친구 중에 내가 제일 키가 작았는데 올해도 역시 내가 꼴찌였다. 나와 키가 비슷해 보이는 아름이에게 가서 확인까지 했지만 아름이는 나보다 0.2밀리미터가 더 컸다. 내가 더 작다는 걸 안 아름이는 희미한 미소를 지었다. 하아, 내가 졌다.

교문을 나서는 발걸음이 무거웠다. 가방 무게가 평소보다 버겁게 느껴졌다. 가방이 날 짓눌러서 키가 작아지는 것만 같았다. 이 신체검사 결과를 본 엄마는 뭐라고 하실까? 매일 편의점 음식만 먹고 다니니까 키가 안 크는 거라고 할지도 몰라. 오늘만큼은 키가 커지는 간식을 먹어야겠다. 그렇다면 답은 하나다. 내가 싫어하는 새하얀 액체. 편의점 문 앞에 섰지만 그 이름을 말하고 싶지 않았다. 하지만, 말해 버렸다.

"우유요."

지잉! 소리와 함께 편의점 문이 열리자, 덕훈 아저씨가 날 내려다 보고 서 있었다. 오늘따라 덕훈 아저씨가 거인처럼 더 커 보인다. 아저씨는 어릴 때 뭘 먹었길래 저렇게 키가 큰 걸까?

"기운이 없어 보이네. 무슨 일 있니?"

"아저씨는 어떻게 그렇게 키가 컸어요? 저는 이번에도 반 친구 중에 제일 작아요. 오늘은 키 커지게 흰 우유나 한 팩 먹고 갈래요. 빨리 주세요."

아저씨는 시무룩한 내 얼굴을 한참 바라보더니 뚜벅뚜벅 우유 매대로 걸어갔다. 매대에서 흰 우유, 초코 우유, 딸기 우유를 한 팩씩 꺼내서 카운터에 올려놓았다.

"그냥 흰 우유 한 팩이면 돼요."

내가 우유를 집으려고 손을 뻗자, 아저씨는 내 손목을 잡았다.

"신중하게 선택해라. 여기에 행운 포인트가 있으니까."

"행운 포인트요?"

"그래. 네가 너무 시무룩해 보이길래 준비한 즉석 이벤트야. 대부분의 우유갑 아래에는 숫자가 적혀 있거든. 네가 1부터 9까지 숫자 하나를 고르고 그 숫자가 이 우유갑 세 개 중에 나온다면, 특별 행운 포인트 1000포인트를 줄게. 포인트를 가지고 뭘 할 수 있는지는 네가 더 잘 알고 있지?"

행운 포인트 1000점? 1000포인트를 얻으면 바로 저 비밀의 문을 열 수 있다! 그런데 우유갑 아래에 숫자가 있다고? 그건 또 몰랐던 사실인데……. 어떤 숫자를 골라야 할까? 그래, 오늘 나를 괴롭힌 내 키의 마지막 숫자로 하겠어!

"3이요! 3!"

"좋아. 무르기 없기야. 공개한다."

아저씨는 거침없이 흰 우유갑을 뒤집었다. 정말 숫자가 쓰여 있었다. 하지만 3은 아니었다. 쓰여 있는 숫자는 6이었다.

"자, 다음! 딸기 우유는?"

딸기 우유 바닥에 적힌 숫자는 8이었다. 이제 단 한 번의 기회만 남았다. 아저씨가 바로 초코 우유를 뒤집었다. 어! 어! 어?

"우아! 3이에요! 3! 행운 포인트 1000포인트! 1000포인트! 아저씨 저 당장 포인트 쓸래요. 비밀의 문 당장 열어 주세요."

아저씨는 이미 예상하였다는 듯 자연스럽게 내 손을 잡고 비밀의 문을 향해 걸으며 말했다.

"인류가 우유를 먹은 건 무려 1만 년도 더 됐단다. 가축을 길들이면서부터 젖을 얻을 수 있었지. 소뿐만이 아니고 양이나 염소젖도 많이 먹었지. 하지만 그때는 가축에게 일을 시켜야 하고, 새끼 동물들도 젖을 먹어야 하니까……."

"그러면 언제부터 우유를 본격적으로 마시게 된 거예요?"

"그건 지금 이 문을 열면 알 수 있단다."

아저씨는 힘껏 비밀의 문을 열었다. 그 순간 너무 밝은 빛이 쏟아져 질끈 눈을 감았다. 갑자기 바닥이 움직이기 시작했다. 아저씨가 손을 잡아끌자, 내 몸은 오르락내리락 빙글빙글 돌더니 어딘가로 붕 뜨는 것만 같았다. 빛이 사라지는 것이 느껴지고, 공중으로 솟았던 내 발바닥이 바닥에 닿는 순간, 나는 이곳이 이미 편의점 안이 아닌 것을 깨달았다. 발가락에 돌부리 같은 감촉이 느껴졌기 때문이다.

나는 서서히 눈을 뜨고 발을 내려다보았다. 돌멩이들이 굴러다니는 흙길. 눈길을 돌리니 잔디밭과 숲이 보였다. 고개를 들어 둘러보니 이곳은 잘 정돈된 공원이었다. 맑은 날인데도 어쩐지 공기가 탁

하게 느껴졌는데, 공원 너머에는 긴 굴뚝이 보이고 검은 연기가 피어오르고 있었다. 납작한 모자를 쓴 아저씨들이 분주하게 굴뚝이 있는 곳으로 향하고 있었다.

"콜록! 아저씨, 여기가 어디예요? 아우. 콜록! 공기가 왜 이렇게 안 좋아요? 미세 먼지가 이때도 심했던 거예요?"

"이곳은 1859년의 영국 런던! 세인트 제임스 공원이란다. 콜록! 공기가 안 좋은 이유는 저 공장에서 나오는 매연 탓에 그렇단다. 지금 이곳은 산업 혁명이 진행돼서 공장에서 기계들을 엄청 많이 돌리고 있거든. 저 아저씨들은 아마 공장에 일하러 가는 중일 거야. 콜록!"

우리가 있는 곳과 조금 떨어진 곳에 커다란 나무가 있었는데, 그 아래에 사람들이 잔뜩 모여 있었다. 무슨 구경거리라도 있는 걸까? 하도 많은 사람이 몰려 있어서 멀리서는 속사정이 보이지 않았다. 풍성한 긴 치마를 입은 아줌마와 아이들이 많았다.

"자, 저기로 가 보자."

아저씨는 내 손을 잡고 사람들이 많이 모인 쪽으로 다가갔다. 무리에서 떨어져 나온 아줌마가 큰 양동이를 끙끙대며 옮기고 있었다. 아이들은 컵이나 병을 들여다보며 신이 난 모습이었다. 점점 더 가까워지자, 사람들에게 가려서 보이지 않던 안쪽 깊숙한 곳이 보였다. 그곳에는 세상에! 얼룩소가 한 마리, 두 마리, 세 마리……. 여덟 마리나 있었다.

"아니 도대체 저 소들은 왜 공원에 있는 거예요? 동물원이라고 하기엔 소밖에 없잖아요."

"그래. 저 소는 보라고 데려온 게 아니라, 우유를 팔기 위해 데려온 거란다. 산업 혁명이 한창 무르익어 가던 이때부터 본격적으로 사람들이 우유를 많이 마시게 되었지. 우유를 파는 사람은 암소를 끌고 거리를 돌아다니면서 젖을 짜 주기도 하고, 이렇게 공원에 와서 사람들이 모이면 바로바로 젖을 짜서 팔았어. 자, 우리도 줄을 서서 한 잔 사 마시자."

점점 우리 차례가 다가오고 있었다. 드디어 우유 장수가 방금 짠 우유 한 컵이 내 손에 들려졌다. 우유를 별로 좋아하지 않지만, 이런 우유라면 안 마실 수 없지. 아직 온기가 남아 있어 미지근한 우유 한 모금이 입안으로 들어왔다.

"어? 맛있는데요? 평소에 먹던 맛이랑 조금 다른 것 같아요."

"방금 짠 우유만큼 맛있는 건 없지. 쭉 들이켜라. 우유는 성장기 어린이에게 아주 좋다고! 칼슘도 풍부하고 단백질과 칼륨, 아연, 비타민A 등등 아주 많은 필수 영양소가 들어 있지. 키가 쑥쑥 자라고, 몸이 튼튼하게 자라는 데 중요한 역할을 한단다."

"그런데요. 아저씨. 그냥 우유를 배달시켜 마시거나, 가게에 가서 사 마시면 되지. 이렇게 공원에서 바로 짠 우유를 먹어야 했던 이유가 있어요?"

"이때는 냉장고도 없고, 보관하고 살균하는 기술이 부족해서 신선한 우유를 만들기가 어려웠거든. 상한 우유나 세균이 많은 우유가 너무 많아서 그 우유를 먹은 아기들이 병에 걸리고 죽기도 했단다. 그래서 이렇게 바로바로 직접 짜서 가져가는 방식이 인기였지."

"아기들이 병에 걸릴 정도인데도 우유를 꼭 먹여야만 했을까요? 아기들은 엄마가 젖을 주면 되잖아요?"

"그건 이 당시 상황과 아주 밀접한 관련이 있어. 18세기 후반부터 시작된 산업 혁명 때문에 19세기에는 많은 여성이 일터로 나가게 됐어. 아기에게 젖을 주어야 하는 엄마들까지 말이야. 그래서 엄마 젖과 가장 비슷하고 아기들 성장에도 좋은 우유를 너도나도 찾게 됐지. 우유를 찾는 사람들은 엄청 많이 늘어났는데 신선한 우유를 만드는 기술은 부족했어. 그래서 그 당시 유럽에서는 우유에 '하얀 독약'이라는 무시무시한 별명까지 붙었단다."

"윽! 그럼 저 독약을 먹은 거예요?"

"이건 신선한 우유니까 독약이 아니라 보약이다. 자, 어서 마셔라."

남은 우유를 벌컥벌컥 마셨다. 기분 탓일까? 내 머리끝이 조금 더 위로 솟은 느낌이 들었다. 그래! 이건 분명 키가 자라는 느낌이다! 마지막 우유 한 방울을 넘긴 순간…….

거짓말처럼 나는 다시 편의점 우유 매대 앞에 서 있었다. 이젠 분명하다. 비밀의 문은 꿈도 아니고 VR 게임도 아니고, 과거로 통하는 문이다. 역사의 현장으로 향하는 문!

갑자기 뿅! 하고 내 눈앞에 나타난 덕훈 아저씨가 빙긋 웃으며 말했다.

"자, 열심히 퀴즈를 풀어야 다시 비밀의 문에 들어갈 수 있겠지? 행운 포인트는 오늘 딱 한 번뿐이었다고."

오늘의 퀴즈

Q. 엄마 젖소가 출산한 후 송아지에게 7일 동안 줄 수 있는 우유로, 면역력을 키워 주는 항체와 영양분이 많이 들어 있어 송아지를 건강하게 해 주는 우유의 이름은 무엇일까요?

① 송유　② 미유　③ 초유　④ 뭐유　⑤ 유유

모르겠다, 모르겠어. 찍어야겠다! 눈앞에 있는 우유갑을 뒤집어 숫자를 찾았다. 2! 2번이다!

"정답은 2번!"

"땡! 아무래도 영국에 다녀오는 것으로 오늘 행운은 다 쓴 모양이다. 정답은 3번! 초유다."

우유의 세계사

산업 혁명

산업 혁명이란, 18세기 후반부터 약 100년 동안 유럽에서 일어난 변화를 말해. 산업 혁명이 시작된 곳은 바로 영국이야. 영국에서는 예전부터 옷감을 만드는 공업이 발달했었는데, 산업 혁명이 있기 전에는 옷감을 만들려면 무조건 손으로 만들어야만 했어. 장인이 한 땀 한 땀 손수 만들고 장인의 제자들은 그 기술을 곁에서 보며 익혔지. 너무 힘들고 오래 걸리다 보니 사람들은 좋은 기계를 만들어서 옷감을 빠르게 많이 만들 수 있기를 바랐어. 열심히 연구한 끝에 점점 더 발전한 방적기들이 발명되기 시작했지.

1774년에 제임스 와트가 개량한 증기 기관을 발명하면서 수공업으로 이어지던 산업에 변화가 찾아오기 시작해. 증기로 움직이는 방적기를 가지고 자동으로 면직물을 대량 생산하기 시작했는데, 이때부터 본격적으로 산업 혁명이 시작됐다고 얘기하곤 하지. 손으로 만들던 물건을 기계를 사용해 만들면서 많이 빨리 만들 수 있게 됐고, 이런 변화는 사회 구석구석에 변화를 몰고 왔어.

우선 공장이 생겨나면서 일할 사람이 많이 필요했어. 그전까지는 농사를 짓거나 물건을 팔던 사람들도 남녀노소 모두 공장으로 몰려갔지.

　기계를 돌리기 위해 석탄 공업과 제철 공업도 발전했어. 또, 원료와 상품을 운반하기 위한 교통 기관도 발전하게 돼. 1807년에는 커다란 증기선이 항해를 하는 데 성공하고, 1840년에는 증기선이 영국과 미국을 오갈 수 있게 됐지. 1830년에는 증기 기관차가 달리기 시작했어. 철로가 놓이고 유럽 곳곳에 철도가 생겨났지. 교통수단이 발전하니까 공업은 더 빠르게 발전했어.

　산업 혁명이 진행되면서 우유 역시 좀 더 빠르게 유통하고 생산하게 돼. 그러니까 산업 혁명을 계기로 사람들은 우유를 더 많이 찾게 되고, 더 많이 생산하고, 더 널리 배달하게 된 거지.

　유럽은 산업 혁명을 계기로 농업 중심의 사회에서 벗어나 산업 사회로 발전하게 돼. 이전까지와는 전혀 다른 새로운 세계를 맞이하게 되지만, 좋은 일만 있었던 건 아니야. 일하는 사람들을 심하게 부려 먹는 나쁜 노동 조건이나 어린아이들에게 일을 시키는 사회 문제도 발생하게 되거든. 사실, 이 문제는 현재까지도 이어지고 있어. 일을 주는 사람과 일하는 사람이 함께 사는 방법을 고민하는 건 지금도 풀어야 할 숙제야.

인물 돋보기

루이 파스퇴르

우유가 하얀 독약이라는 오명을 벗을 수 있게 된 건 바로 '저온 살균' 기술 덕분이야. 우리나라에서는 우유 브랜드로 유명한 파스퇴르는 저온 살균법을 발견한 과학자 이름이야. 그런데 사실, 이 저온 살균법이 처음 적용된 음료는 우유가 아닌 와인이었다고 해.

어느 날 파스퇴르의 연구실로 와인을 만드는 사람이 찾아왔어. 와인이 식초처럼 시큼해져서 팔 수가 없다고 그 원인을 알려 달라는 거였지. 파스퇴르는 연구를 거듭한 끝에, 술을 만들 수 있게 발효를 일으키는 균과 술을 상하게 만드는 균이 다르다는 걸 알게 됐어. 또, 공기 중의 미생물과 균이 만나 와인이 상하게 된다는 것도 알게 됐지. 같은 원리로 우유가 상하는 원리도 밝혀 냈어. 그전까지는 음식이 상하는 것은 자연적으로 발생한다고 믿어 왔기 때문에 파스퇴르의 발견은 과학계에 큰 변화를 가져왔지.

와인을 상하게 하지 않는 방법을 연구하게 된 파스퇴르는 처음에는 상하게 하는 균을 죽이기 위해서 와인을 끓여 봤어 그런데 맛도 없어지고 알코올이 다 날아가서 이도 저도 아닌 액체가 됐지.

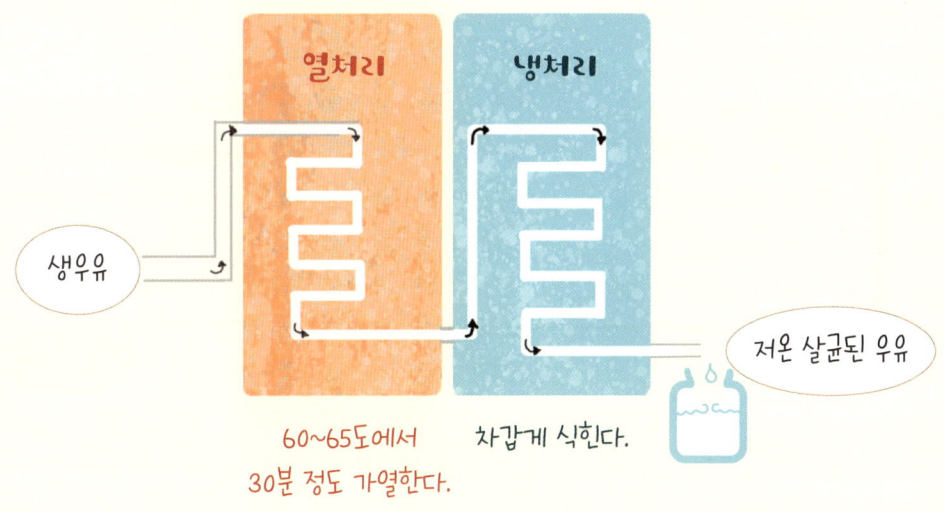

　그래서 와인의 맛을 지키면서 살균하는 법을 찾았는데 그 방법이 바로 저온 살균법이야. 섭씨 60~65도 정도의 열로 일정 시간 가열한 뒤 식히면 웬만한 미생물을 없애면서도 음식이 원래 가진 맛은 지킬 수 있었지. 저온 살균법을 적용하니까 그때부터 우유의 장거리 운송도 가능하게 됐어. 신선한 우유를 언제든 먹을 수 있게 됐지.

　파스퇴르가 찾아낸 발효와 부패의 원리는 다양한 분야에 적용됐어. 전염병, 광견병 같은 질병 분야까지도 활용했지. 백신이라는 용어를 최초로 사용한 사람도 바로 파스퇴르야.

　그래서 파스퇴르를 세균학의 아버지라고 불러. 파스퇴르 덕분에 인류는 더 건강한 삶을 누리게 된 거야.

우유의
한국사

건강하게 우유 한잔!

우리나라에서는 우유를 언제부터 먹었을까? 고구려의 시조 주몽이 말 젖을 먹고 자랐다는 설화가 전해지니까 가축의 젖을 먹은 건 아주 오래전일 거라고 추측하고 있어. 하지만 소는 농경 사회에서 중요한 일꾼이었기 때문에, 소의 젖을 얻을 수 있는 건 한계가 있었지.

우유는 워낙 귀했기 때문에 아무나 먹을 수 있는 건 아니었어. 조선 시대에는 왕실이나 높은 양반들만 우유를 먹을 수 있었는데, 우유를 넣

조영석의 〈채유〉라는 그림이야. 이 그림을 보면 조선 시대에도 우유를 먹었다는 걸 알 수 있지. 복장을 보니 신분이 높은 사람들 같아.

어 만든 죽인 타락죽은 궁중 보양식으로 유명했어. 궁궐에는 타락죽만 만드는 장인도 있었지. 조선 명종 때에 문정왕후의 남동생인 윤원형이 궁궐의 타락죽 장인을 집에 데려와 타락죽을 만들어 먹다가 관직을 빼앗긴 사건이 있어. 타락죽 맛이 얼마나 맛있었길래 그랬을까 궁금하기도 해.

우유가 서민들의 음식이 되기 시작한 건 대량 생산 우유 공장이 생기면서부터야. 일제 강점기인 1937년이었지. 이름은 경성우유동업조합이었고, 이 우유 공장은 지금의 서울우유가 돼. 1962년까지 한국에 우유 공장은 하나뿐이었어. 70년대로 접어들면서 낙농업에 다양한 지원을 하고, 학교 급식으로 우유가 보급되면서 우유 소비량이 늘어났지.

2020년 우리나라의 1인당 연간 우유 소비량은 31.8킬로그램이래. 식습관의 변화 때문인지 조금씩 줄어드는 추세야. 우유가 귀하디귀했던 시절을 떠올리면서 우유 한잔 쭉 들이켜 보렴.

우유의 TMI

정보 한 팩

성장기 어린이와 청소년에게 좋은 식품을 이야기할 때 우유가 빠지지 않지? 우유에는 뼈와 근육의 성장에 필요한 단백질과 칼슘이 많이 들어 있기 때문이야. '우유 권장 섭취 가이드라인'에 따르면 어린이는 하루 두 잔, 청소년은 세 잔 정도의 우유를 마시는 게 권장 사항이야. '한 나라가 미래를 위해 할 수 있는 가장 안전한 투자는 어린이들에게 우유를 먹이는 일이다.' 노벨상을 받은 영국의 총리 처칠이 한 말이지.

정보 두 팩

대부분의 우유갑 바닥을 보면 숫자가 쓰여 있어. 도대체 이 숫자의 정체는 뭘까? 우유갑을 만드는 공장에 있는 생산 라인의 고유 번호라고 해. 혹시라도 우유에 문제가 생기면 그 줄에서 생산된 우유를 빠르게 알아보기 위한 표시지.

정보 세 팩

우유에 다양한 맛과 향을 첨가한 가공유도 인기가 많지? 흰 우유보다는 초코 우유나 딸기 우유, 바나나 우유를 더 좋아하는 어린이도 많을 거야. 그런데 이런 달콤한 우유에는 사실 우유가 한 방울도 안 들어 갔을 수 있어. 우유 원유 대신에 탈지분유와 유크림을 섞어 만든 우유 맛 음료수가 많거든. 원유를 전혀 넣지 않고, 탈지분유만 넣어도 우유라는 이름을 쓰는 건 법적으론 문제가 없대. 탈지분유는 원유에서 지방을 분리하고 수분을 제거해 만드는 건데 비타민A, 무기질 등 영양소가 신선한 우유에 비해 적거나 거의 없어. 그러니까 가공유를 먹을 때는 성분표를 잘 보고 기왕이면 원유가 듬뿍 들어간 제품을 먹는 게 더 좋은 선택일 거야.

정보 네 팩

학술 연구 통계에 따르면 우리나라 사람 중 절반 이상이 우유를 마시면 배가 아프거나 꾸르륵 소리가 나는 유당 불내성을 가지고 있다고 해. 유당 불내성은 우유 안에 들어 있는 유당을 분해하는 능력이 적거나 없는 성질이야. 우유를 마시고 헛배가 부르거나, 소리가 나고 복통과 설사가 일어난다면 유당 불내성이 있는 거야. 그럴 때는 따뜻하게 데운 우유를 조금씩, 천천히 마시는 방법으로 우유를 마셔 봐. 요즘에는 유당 불내성을 가진 사람들을 위한 유당 제거 우유도 팔고 있어. 배 아프다고 우유 마시길 포기하지 마.

정보 다섯 팩

우유를 여러 가지 방법으로 가공시켜 만든 음식도 있어. 요구르트는 우유를 유산균으로 발효시켜 만들고, 치즈는 우유에 젖산균과 효소를 넣어 만든 거야. 버터는 우유에 있는 지방을 뽑아서 만들어.

휘휘 저으면 버터가 완성!

여섯번째

밥 대신 간식으로?
보들보들 밀가루는 진리지!

뺑

이 편의점에도 없다. 또 없다. '매콤 콘치즈 떡볶빵'을 구하기 위해 벌써 몇 군데 편의점을 들렀는지 셀 수도 없다. 입고되자마자 눈 깜짝할 사이에 동나 버리는 매콤 콘치즈 떡볶빵. 기절할 만큼 맵지만 달콤한 콘치즈가 입안을 감싸 줘서 맵달맵달 끝도 없이 먹을 수 있다고 소문난 그 신상 빵! 출시된 지 벌써 3일이 지났지만, 아직 포장지조차 구경을 못 했다. 이건 정말 편의점 마니아로서 수치야. 수치!

이제 나에겐 마지막 카드만이 남았다. HS 편의점의 덕훈 아저씨라면 혹시 방법이 있지 않을까? 내 생각보다 발걸음이 먼저 HS 편의점 문 앞으로 나를 이끌었다. 마이크에 대고 원하는 걸 또렷하게 말했다.

"매콤 콘치즈 떡볶빵."

편의점 문이 직직 소리를 내더니 멈칫멈칫 열릴 듯 말 듯 움찔움찔했다. 그러더니 스피커에서 덕훈 아저씨 목소리가 흘러나왔다.

"그런 품목은 없습니다. 다시 한번 정확하게 말씀해 주세요."

"매콤 콘…… 아니, 아니, 빵이요. 빵!"

"빵, 접수되었습니다."

이내 지잉 소리와 함께 문이 열렸다. 나는 재빨리 들어가 빵과 샌드위치가 놓인 매대로 달려갔지만, 당연히 매콤 콘치즈 떡볶빵은 없었다. 한숨을 푹 내쉬고 있는데, 아저씨가 비밀의 문을 열고 나오며 말했다.

"매콤 콘치즈 떡볶빵이 도대체 뭐냐?"

"아저씨! 편의점 주인인데 매콤 콘치즈 떡볶빵을 모른단 말이에요? 이것은 편의점 제과 업계의 혁명! 빨간 양념의 떡볶이 소스와 콘치즈가 만나서 천상의 맛을 선사한다는 편의점계의 돌풍이란 말이에요."

"그래? 그게 그렇게 맛있냐?"

"그, 그게……. 아직 먹어 보진 못했어요. 그러니까 아저씨가 만들어 주세요!"

"듣지도 보지도 못한 빵을 내가 어떻게 만든단 말이냐. 내 능력이 아무리 뛰어나도 그건 좀 무리야. 그 대신에 훨씬 더 재미있는 빵을 지금 당장 만들어 주마. 편의점 하면 빵 중에서도 샌드위치지! 재미있는 샌드위치 만들어 올 테니, 조금만 기다려."

아저씨는 비밀의 문으로 쏙 사라졌다.

'매콤 콘치즈 떡볶빵보다 더 재밌는 빵이라고? 아니, 빵이 맛이 있어야지, 재미가 있으면 무슨 소용이야. 그래도 아저씨가 샌드위치를 만들어 온다고 했으니 기대해 봐야겠다.'

잠시 후, 아저씨가 문을 열고 나타났다. 그런데 잠깐! 저거 샌드위치 맞아? 검은색의 거칠고 두꺼운 종이 사이에 고기가 끼워진 정체불명의 음식과 함께 바게트를 반으로 갈라 햄과 치즈를 넣어 만든 샌드위치가 눈앞에 나타났다.

"자, 이거부터 먹어 봐라."

아저씨는 절대 먹고 싶지 않은 비호감 종잇장 샌드위치를 내 코앞에 내밀었다. 은은한 고기 냄새가 풍겨왔다. 아니, 샌드위치를 만들어 준다더니 이건 또 뭐야.

"이 샌드위치로 말할 것 같으면 말이야."

"이게 샌드위치라고요? 에이, 아저씨. 어딜 봐서 이게 샌드위치예요?"

"샌드위치가 뭐 별건 줄 아냐? 빵에 다양한 속 재료를 넣어서 같이 먹는 것. 그게 바로 샌드위치 아니겠니. 이건 최초의 샌드위치라고 불리는 '씨부스 힐렐리'라는 음식이야. 기원전 110년경에 유대인들이 먹은 거지. 납작한 무교병이라는 빵 사이에 양고기와 허브를 넣어서 만든 거란다."

나는 여전히 내키지 않았지만, 이걸 먹어야만 저 먹음직스러워 보이는 바게트 샌드위치도 먹을 수 있을 것 같아 어쩔 수 없이 종잇장, 아니 씨부스 힐렐리를 받아 들었다. 그리고 한 입 베어 물었다.

"우웩! 에퉤퉤. 생각보다도 백배, 아니 천배 맛없어요."

"하하. 그럴 만도 하지. 아무래도 당시에는 가루를 곱게 만드는 기술이 부족해서 빵이 좀 거칠거칠하단다. 또, 이 빵은 누룩이 들어가지 않은 빵이라 납작해서 폭신폭신한 맛이 없긴 하지."

"맞아요. 부스스 부서지는 이 종잇장 같은 게 빵이라니······."

"네가 좋아하는 폭신한 빵은 고대 이집트 시대부터 발견된단다. 밀가루를 부풀릴 수 있는 이스트와 섞어야만 발효가 되면서 부드러운 빵을 만들 수 있는데, 고대 이집트 유물에서는 이스트로 부풀린 빵이 그려진 그림과 자료가 많이 발견됐지."

나는 입안에 남은 거칠거칠한 가루를 뱉어내는 동시에 자꾸만 바게트 샌드위치에 눈길이 갔다.

"저 바게트 빵도 발효해서 만든 거에요?"

"그럼 그럼. 내가 손수 손으로 치대고 굴리고 반죽해서 발효시켜서 만들었지. 자고로 샌드위치는 말이야. 속 재료보다도 이 빵이 맛있어야 진짜 맛있는 거란다. 자, 내 솜씨를 한번 맛보거라."

아저씨는 드디어 두툼하고 커다란 바게트 샌드위치를 내밀었다. 샌드위치를 받아 들고 한 입 크게 베어 물었다. 딱딱한 겉껍질 아래는 보드라운 식감이었고 속 재료로는 햄과 치즈를 듬뿍 넣은 것이 완전 내 스타일이었다. 덕훈 아저씨, 편의점 말고 샌드위치 가게를 해도 될 것 같은데요? 너무 맛있어서 허겁지겁 바게트 샌드위치를 씹다 보니 어? 입속이 왜 아프지?

"아저씨, 정말 맛있긴 한데요. 껍질이 너무 딱딱해서 입천장이 조금 아파요. 빵이 좀 질기기도 하고요"

"바게트가 좀 그렇지? 그런데 어쩌냐. 바게트는 그렇게 만들도록 프랑스 법으로 정해져 있단다. 난 그 원칙에 따라 만들었을 뿐이야. 그리고 그런 원칙을 만들게 된 아주 중요한 역사적 의미가 있지."

"에이. 무슨 바게트에 역사적 의미씩이나 있어요?"

"잘 들어 봐라. 억압받던 프랑스 하층 계급 시민들이 권력을 누리던 왕과 귀족에 맞서 싸웠던 프랑스 혁명에 대해서 알고 있니? 자유와 평등, 박애의 정신으로 1789년 프랑스 혁명이 시작된 지 4년 만에 시민들은 프랑스 왕정을 무너뜨리고 시민 중심 사회를 위한 다양한 법률을 만들었지. 그중의 하나가 바로 '빵의 평등권'이란다. 그전까지 귀족들은 하얀 밀가루에 버터를 듬뿍 넣어 만든 보드라운 빵을 먹었고, 서민들은 호밀과 잡곡으로 만든 딱딱하고 거친 빵을 먹었거든. 그런데 이제는 혁명이 일어나 모두 평등한 세상이 되었으니 모두 같은 빵을 먹어야 한다는 선언이었어. 밀가루로 만든 빵과 호밀을 이용해 만든 빵 모두를 금지하고, 밀가루와 호밀을 섞은 한 종류의 빵만 만들고 팔아야 했지. 크기도 길이 80센티미터, 무게 300그램으로 제한했어. 그때 법으로 정했던 빵이 바로 프랑스를 대표하는 빵, 바게트의 원형이라고 할 수 있지. 그러니까 바게트는 프랑스 혁명의 평등 정신을 고스란히 나타낸 빵이라고 볼 수 있는 거야."

"에이, 빵이라면 자고로 골라 먹는 재미가 있는 건데, 어떻게 한 종류만 먹어요? 평등도 좋지만 그건 심각한 빵의 자유 침해 아니에요?"

"그래, 맞아. 그래서 이 법은 금세 폐지되기는 했단다. 하지만 제정했을 당시의 의미는 남아서 아직도 바게트는 프랑스 혁명을 상징

하고 평등을 나타내는 빵으로 불리고 있지. 프랑스에서는 바게트를 세계 문화유산으로 지정하려고 추진하고 있어."

"오, 정말 그럴 만도 하네요. 프랑스 사람들에게는 아주 특별한 빵이겠어요. 그런데 아저씨 퀴즈는 언제 내주실 거예요? 빨리 포인트 모아야 한단 말이에요."

"이제 먹을 거 다 먹었다 이거냐. 자, 오늘 내 얘기를 잘 들었다면 맞출 수 있는 문제로 준비했다."

오늘의 퀴즈

Q. 프랑스에서는 바게트의 재료 규정을 식품법으로 정해 놓았는데요. 정해진 재료가 아닌 것이 들어가면 바게트라고 이름 붙이고 팔 수 없습니다. 다음 중 규정상 바게트의 재료가 아닌 건 무엇일까요?

① 밀가루　　② 소금　　③ 물　　④ 버터　　⑤ 이스트

나는 거의 다 먹은 바게트 샌드위치를 바라보다 마지막 한 입을 마저 먹으며 생각했다. 음, 밀가루는 당연히 들어가야 하고, 이 약간

의 짭짤한 맛은……. 소금은 분명 있어. 반죽하려면 물이 필요하겠지. 그리고 이스트는 발효시킬 때 꼭 필요하다고 했잖아. 그렇다면 정답은 4번 버터다!

"4번 버터!"

"딩동댕! 정답이다. 이제 제법인데? 다음에는 잘하면 저 비밀의 문에 다시 들어갈 수 있을 것 같구나."

"아싸! 그럼 저 이만 가 볼게요. 아참! 아저씨 샌드위치 최고였어요! 먹어 보진 못했지만, 매콤 콘치즈 떡볶빵보다 훨씬 더요!"

프랑스 혁명

    18세기 말 프랑스 베르사유 궁전에서는 왕족과 귀족들이 날마다 모여 화려한 파티를 열었어. 당시의 프랑스는 신분이 나뉘어 있었는데 1계급은 성직자, 2계급은 귀족이었어. 1계급과 2계급은 많은 땅을 가지고 세금 한 푼 내지 않으면서 화려한 생활을 즐겼지. 그런데 가장 많은 사람이 갖고 있던 신분은 3계급이었어. 농민, 상인, 의사, 변호사가 모두 3계급이었지. 3계급인 시민들은 일을 열심히 하는데도 세금을 내느라 가난하고, 귀족들에게 매를 맞거나 잘못된 대우를 받으며 어려운 생활을 이어 나가는 사람이 많았어. 이런 불공평한 상황이 이어지다 보니 3계급 시민들은 점점 불만이 쌓여 갔어. 잘못된 제도를 없애고 자유롭고 평등한 사회를 만들어야겠다고 생각하게 됐지.

    1789년 6월에 시민들은 국민 의회를 만들어 힘을 모으고, 같은 해 7월 14일에 3계급 시민들이 모여 만든 군대가 바스티유 감옥을 습격하고 파리를 점령하게 돼. 이것이 바로 프랑스 혁명의 시작이었지. 바스티유 감옥은 왕의 절대 권력의 상징이기도 했고, 많은 화약과 무기가 있는 곳이기도 했어. 또, 1, 2계급에 대항하다 잡혀간 3계급 사람들이 많이 갇혀 있었어. 바스티유 감옥 습격에 성공하면서 시민군은 무기를 얻고, 감옥에서 풀려난 사람들은 시민군에 합류하게 됐지. 그리고 3계급 대표들이 꾸린 국민 의회는 인간과 시민의 권리를 알리는 '인권 선언'을 발표했어. 인권 선언의 제1조 첫 문장은 바로 '인간은 자유롭고 평등하게 태어나 살아간다.'이고, 그동안 귀족들이 누렸던 특권을 없애라는 내용이 담겨 있었지. 하지만 당시의 왕이었던 루이 16세와 귀족들은 당연히 이런 혁명을 받아들이지 않았어. 루이 16세는 외국 군대를 동원해서 혁명을 막으려고 했고, 급기야는 오스트리아의 도움을 받아 파리를 탈출하려는 계획까지 세우게 돼. 하지만 이 계획은 실패로 돌아갔고, 나라를 버리고 떠나려던 왕에게 분노한 시민들은 왕을 처단하라고 외쳐 댔지.

결국 루이 16세는 많은 시민이 보는 가운데 단두대에서 목이 잘려 생을 마감하게 돼. 그리고 프랑스의 절대 왕정 시대는 막을 내리게 되지. 왕은 사라지고, 혁명을 이끈 3계급 대표 중의 한 명이었던 로베스피에르가 국민의 대표 역할을 하게 됐어. 그런데 로베스피에르는 너무나 무서운 정치를 했어. 농민의 세금 부담을 없애고, 물가를 억제하는 정책을 시행하기도 했지만, 혁명을 지킨다는 이유로 자기 의견에 반대하는 사람들을 무자비하게 죽였거든. 계속 공포 정치를 휘두르던 로베스피에르는 결국 반대파에 의해 단두대에서 생을 마감하게 되지.

혼란에 빠진 시민들은 법을 바꿔서 의회가 선출한 다섯 명의 총재가

다스리는 총재 정부를 수립했어. 하지만 불안한 상황은 계속되었고, 외국과의 전쟁에서 유명해진 나폴레옹이 쿠데타로 정권을 장악하고 스스로 황제라 부르게 되면서 프랑스 혁명의 시대가 끝나게 돼.

프랑스 혁명은 단순히 한 시대의 사건으로 끝난 게 아니야. 혁명 이후 프랑스는 자유롭고 평등한 근대 시민 사회로 발전하게 됐어. 자유, 평등, 박애의 정신은 주변 나라들에도 널리 퍼져나가 세계 곳곳의 변화를 끌어내기도 했지. 세계사에서 절대 빼놓을 수 없는 아주 중요한 혁명이야.

샌드위치 백작

편의점에서 사 먹는 음식 중에 절대 빼놓을 수 없는 것 중 하나는 바로 다양한 속 재료가 들어간 샌드위치지. 샌드위치는 언제부터 먹기 시작했을까? 사실 샌드위치의 역사는 빵과 함께 시작됐다고 해도 과언이 아니야. 밋밋한 맛의 빵을 맛있게 먹기 위해 고기나 채소를 끼워 먹는 일은 아주 오래전부터 있었거든.

하지만 샌드위치가 샌드위치라는 이름을 얻게 된 건 18세기 영국의 귀족이었던 몬태규 샌드위치 백작 때문이야. 샌드위치 백작은 정치가이자 해군으로서 국무장관을 지내기도 했지. 샌드위치 백작은 당시의 귀족들처럼 도박에 빠져 있었어. 카드놀이를 너무 좋아해서 한번 시작하면 밥도 먹지 않고 몇 시간이고 할 정도였지. 게임에 푹 빠져 있던 샌드위치 백작은 밥 먹는 시간도 아까워하면서 하인에게 고기와 빵을 가져오라고 했어. 그리고 빵 사이에 고기를 끼워 먹으면서 카드 게임을 계속했지.

당시의 귀족들은 격식을 차리며 우아하게 식사하는 문화가 있었는데 샌드위치 백작의 그런 방식은 아주 파격적으로 느껴졌어. 처음에는 경

악을 금치 못했던 귀족들은 나중에는 샌드위치 백작을 따라 같은 방식으로 빵과 고기를 먹게 됐어. 간편하기도 했지만 맛도 좋았지. 이런 방식이 귀족들 사이에 널리 퍼지게 되자, 아예 빵에 고기를 끼워 먹는 음식을 샌드위치라고 부르게 됐지. 하지만 샌드위치 백작이 샌드위치를 만들기 전부터 이미 빵 사이에 끼워 먹는 음식은 종종 있었다고 해. 유대교의 전통 음식인 '씨부스 힐렐리'가 대표적인 예지. 씨부스 힐렐리는 기원전 1세기에 힐렐이란 사람이 어린 양의 고기와 빵과 비슷한 무교

병, 허브를 하나로 싸서 먹은 데서 유래된 음식이야.

샌드위치 백작에 대해 잘 알려지지 않은 이야기가 있는데, 바로 그가 태평양을 탐험했던 제임스 쿡의 든든한 후원자였다는 사실이야. 제임스 쿡은 샌드위치 백작의 이름을 따서 1778년에 발견한 오늘날의 하와이 제도를 샌드위치 제도라고 이름을 지었어. 오늘날까지 사우스 샌드위치 제도와 알래스카의 몬태규 섬에는 샌드위치 백작의 이름이 남아 있지.

제2의 주식, 빵!

우리나라 사람들이 빵을 먹기 시작한 건 언제부터였을까? 조선 시대 말기에 비밀리에 우리나라에 들어왔던 선교사들이 처음 빵을 전한 것으로 보이는데, 확실한 기록은 없어. 당시에는 숯불을 피운 후에 떡시루를 엎고 그 위에 빵 반죽을 올려놓은 다음 둥그런 그릇을 덮어 화로를 만들어 빵을 구웠다고 해. 서양 떡이라고 불렀지.

'빵'이라는 말이 등장한 건 일본을 통해 다양한 빵이 전해지면서부터야. 포르투갈과 교역하면서 다양한 빵을 접한 일본인들은 포르투갈어인 '팡'이라는 단어를 쓰기 시작했고, '팡'은 우리나라에 와서는 '빵'이 되었지.

일제 강점기에 일본의 양과자점들이 우리나라에 생겨나면서 단팥빵, 크림빵, 소보로빵 같은 빵을 팔기 시작했어. 일본인들의 빵집에서 일하며 기술을 전수한 한국인들이 광복 이후에 빵을 만들어 팔면서 대한민국 빵의 역사가 본격적으로 펼쳐지게 됐지.

한국 전쟁 이후에는 미국에서 밀가루 원조를 많이 해 주면서 빵집이 점점 많이 생겨났어. 그때 생긴 빵집 중에는 지금까지도 운영 중인 곳

들도 많아. 그런데 이때만 해도 빵은 돈 많은 사람들이나 먹을 수 있는 고급 음식이었어. 빵집은 특별한 날에 가는 데이트 장소였지.

서민들이 빵을 쉽게 접할 수 있게 된 건 1960년대 말에 빵 공장이 생기면서부터야. 1970~1980년대에는 동네 슈퍼나 학교 매점에서 빵 공장에서 만든 빵을 쉽게 사서 먹을 수가 있었지. 공장제 빵은 급속도로 퍼져나가서 서민들의 간식거리가 됐어.

그런데 다른 한편으로는 제과점에서 만든 빵을 먹고 싶어 하는 사람들이 점점 늘어나기 시작했어. 공장제 빵보다는 갓 구운 신선하고 고급스러운 빵을 찾게 된 거지. 제과점 빵을 좋아하는 사람들이 점점 늘어나서 1990년대 이후에는 공장 빵보다 제과점 빵을 먹는 사람들이 훨씬 많아졌대.

대기업에서 제과점 사업에 진출하면서 프랜차이즈 빵집들도 많이 생겨났지. 그래서 작은 동네 빵집들이 많이 사라지기도 했어. 그런데 요즘에는 또 자기만의 레시피로 특색 있는 빵을 만드는 동네 빵집들이 진정한 맛집으로 떠오르고 있기도 해.

이제 한국인들에게 빵은 단순히 간식거리가 아니라 제2의 주식이 됐지. 음식에 곁들여 먹기도 하고, 샌드위치를 만들어서 한 끼 식사로 애용하기도 하고 말야. 편의점에서도 다양한 공장제 빵과 케이크, 샌드위치를 만나 볼 수 있지. 너희들은 어떤 빵을 제일 좋아하니?

빵의 TMI

정보 한 개

프랑스에는 바게트 자판기가 있어. 빵을 살짝 구운 다음 자판기에 넣어 두고, 주문이 들어오면 기계가 완전히 익혀서 내주는 거야. 자판기만 있으면 낮이든 밤이든 갓 구운 바게트를 먹을 수 있어서 좋아. 바게트를 워낙 좋아하고 많이 먹는 프랑스 사람들에게는 아주 유용한 자판기지.

정보 두 개

우리나라 국민 한 명이 1년에 먹는 빵의 개수는 대략 91개 정도래. 평균 4일에 한 번은 빵 한 개를 먹는 셈이지. 쌀 소비량은 갈수록 줄어들고 있는데, 제빵 시장 매출액은 꾸준히 늘어나는 추세라고 해. 한국인의 입맛과 문화가 점점 변해 가는 중이야.

정보 세 개

전 세계에서 식사용으로 널리 애용하는 식빵은 사실 그 역사가 오래되지 않았어. 1928년에 미국의 한 제빵 회사가 처음으로 썰려 있는 빵을 내놓으면서 널리 먹기 시작했지. 그전까지는 덩어리 빵을 직접 썰어서 먹었는데 썰려 있는 빵의 간편함에 반한 사람들에게 폭발적인 인기를 끌었어. 빵 써는 기계 개발자는 엄청 많은 돈을 벌었지. '썰린 빵'이 얼마나 획기적이었는지 영어에는 이런 표현이 있다고 해. 'the best(greatest) thing since sliced bread.' 해석하면 '썰린 빵 이후에 가장 뛰어난 것.'이라는 뜻인데, 매우 만족스럽고 최고로 좋은 것을 일컬을 때 쓰는 말이야.

정보 네 개

빵이 우리나라에 들어오기 전에 빵을 먹어 본 조선 사람이 있었어. 1720년에 경종의 왕위 계승을 알리기 위해 북경을 방문한 이기지라는 사람은 예수회 성당을 방문했다가 포르투갈 신부로부터 빵을 대접받았지. 이기지는 빵 맛에 반해서 제조법까지 물어봤다고 해. 조선에 돌아와서 빵 만들기에 도전했지만, 그 이후에 기록에서 보이지 않는 것을 보면 실패했던 것 같아.

정보 다섯 개

2022년, 스티커가 들어 있는 포켓몬 빵이 약 20년 만에 편의점에 재등장하면서, 그야말로 빵! 대박을 터트렸어. 포켓몬 빵을 사기 위해 편의점 납품 트럭을 쫓아다니는 현상까지 생길 정도로 인기를 끌었지. 포켓몬 빵은 5개월 동안 하루 평균 30만 봉 이상이 팔렸대. 어른들에겐 추억을 불러일으키고, 어린이의 취향을 저격한 것이 인기 이유인데, 누구나 손쉽게 접근할 수 있는 편의점을 중심으로 유통된 게 성공한 원인 중 하나야.

 전국에 1만 8,502개의 빵집이 있대.(2020년 8월 기준)

녹지 않게 하려는

노력

아이스크림

오늘은 바로 학원으로 가야지. 오늘도 덕훈 아저씨에게 붙들렸다가는 또 지각이야. 발걸음을 재촉하면서도 자꾸만 눈길이 편의점으로 향하는 건 어쩔 수가 없다. 그런데 어? 분명 어제까지는 못 봤던 아이스크림 냉장고가 HS 편의점 문밖에 나와 있었다. 심지어 〈아이스크림 출시! 파격 할인 1+2 행사 중〉이라고 써 있는 포스터까지 보였다. 이건 뭐 날 유혹하려고 작정했나 봐. 에이, 내가 졌다. 졌어. 마이크 앞에 서서 외쳤다.
　"아! 아! 아이스크림이요."
　이상하다. 아무런 기척이 없다. 나는 슬쩍 문을 밀어 보았다. 걸리는 것 없이 스윽 열렸다.
　"아저씨! 아저씨! 덕훈 아저씨!"
　편의점 안으로 들어가 아저씨를 찾았지만 흔적도 없었다. 문도 안 잠그고 어디 가신 거지? 금방 오시겠지? 그렇다면 기다리면서 일단 아이스크림 맛부터 볼까?
　나는 문밖으로 나와 아이스크림 냉장고를 열고 얼굴을 들이밀었

다. 무슨 맛을 먹을까?

딸기 맛? 초코 맛? 밀크 맛? 아 고민돼. 내가 제일 좋아하는 아이스크림인 민트 초콜릿도 있잖아! 유행하는 아이스크림은 다 있네. 어? 이건 뭐지?

처음 보는 아이스크림이었다. 투명한 포장지 안으로 보이는 아이스크림은 황금빛이었다. 실제로 빛까지 뿜어 나오는 느낌이다. 도대체 뭘 토핑했길래 황금빛일까? 아! 먹는 금이 있다더니 그런 건가? 포장지에 쓰여 있는 글도 알쏭달쏭했다.

한정판! 황금 열쇠 아이스크림! 아이스크림의 비밀 레시피가 탄생한 현장으로 갈 수 있는 이 기회를 놓치지 마세요!

이런 글을 보고도 이 아이스크림을 선택하지 않을 사람 있으면 나와 보라고 해! 마음이 이끌리는 대로 황금 아이스크림을 집어 들고 포장지를 깠다. 빛이 뿜어져 나오는 아이스크림이라니! 입을 크게 벌리고 한 입 베어 물었다. 달콤하고, 쫀득하고, 부드럽고, 시원한 이 맛! 이런 아이스크림은 처음이야! 새로 나온 신상인가? 덕훈 아저씨 덕분에 이런 맛있는 아이스크림을 먹다니, 아저씨 감사합니다! 가만, 그런데 아저씨는 왜 안 오시지?

정신없이 홀린 듯 아이스크림을 먹다 보니 녹아드는 아이스크림 속에 숨겨져 있던 무언가가 모습을 드러냈다. 아이스크림이 흔적도 없이 사라져 버린 후에는 그 모습이 제대로 보였는데, 그것은 바로 황금 열쇠였다! 맞다, 이 아이스크림 이름이 '황금 열쇠 아이스크림'이었지. 이 편의점에서 열쇠가 필요한 곳은…….

나는 눈을 돌려 비밀의 문을 바라보았다. 어쩐지 문 틈새에서 황금빛이 새어 나오는 것만 같았다. 하지만 덕훈 아저씨 없이 혼자 들어가기는 무서운데……. 나는 망설이며 황금 열쇠를 내려다보았다. 자세히 들여다보니 열쇠에 작은 글씨가 새겨져 있었다.

두려워할 것 없어. 아이스크림은 언젠가는 녹으니까…….

그래. 비밀의 문 너머의 세상에서 먹은 음식이 다 사라지면, 바로 다시 이곳으로 돌아올 수 있잖아? 믿는 구석이 있다고 생각하니 불끈 용기가 났다. 비밀의 문 앞으로 성큼성큼 걸어가 황금 열쇠를 문고리에 대자, 철컥 문이 열렸다. 눈을 질끈 감고 한 발 앞으로 내디뎠다. 그리고 다시 한 발. 다시……. 세 번째 발걸음을 떼기도 전에 나는 이미 미지의 공간으로 빨려 들어가고 있었다. 바닥이 흔들리고 몸이 빙글빙글 돌았다. 그래도 몇 번 경험해서인지 처음처럼 무섭지는 않았다. 다만 아저씨가 없다는 게 두려웠다.

흔들리는 바닥이 진정되고, 감은 눈 사이로 빛이 스며 들어왔다. 나는 천천히 눈을 떴다. 눈앞에 펼쳐진 풍경을 보자 저절로 입이 떡 벌어졌다.

웅장한 대리석 기둥이 줄지어 둘려 있는 거대한 공간은 마치 그림책 속에서 보던 궁전의 무도회장 같았다. 그 사이로 풍성한 치마를 입은 여자와 날렵한 양복을 입은 남자들이 오가고 있었다. 살금살금 걸어서 끝이 보이지 않을 정도로 긴 복도에 다다르자 엄청나게 크고 아름다운 그림들이 벽에 걸려 있었다. 마치 미술관에 온 기분이었다. 이리저리 살펴본 후 나는 이곳이 어딘지 확신을 갖게 됐다. 그래. 이곳은 궁전이야. 그런데 어느 나라의 어떤 시대의 궁전이지? 아이스크림 포장지에 '아이스크림의 비밀 레시피'가 탄생한 현장이라고 쓰여 있었던 것이 생각났다. 궁전에 아이스크림의 비밀 레시피가 있다고? 일단 아이스크림을 만들 만한 곳을 찾아봐야겠다.

미로 같은 복도를 이리저리 헤매고 다니다 보니 어디선가 달콤한 냄새가 풍겨 오고 있었다. 이 냄새는? 달콤한 우유 향기! 아이스크림 냄새다! 냄새에 이끌려 도착한 방의 문 틈새를 빼꼼히 들여다본 순간, 나는 낯익은 얼굴을 발견했다.

"아저씨! 덕훈 아저씨!"

내가 소리치자 아저씨는 화들짝 놀라며 나를 바라보았다. 방에는 덕훈 아저씨만 있는 게 아니었다. 모자를 쓴 요리사 복장의 서양인 아저씨가 있었다. 서양인 아저씨는 잠시 나를 쳐다보더니 금세 하던 일에 열중했다. 테이블 위에는 얼음이 가득 든 큰 통이 있고 그 안에 커다랗고 둥근 그릇이 있었다. 서양인 아저씨는 그 둥근 그릇 안에 있는 내용물을 커다란 조리 도구로 쉼 없이 젓고 있었다. 내가 머뭇거리자 덕훈 아저씨가 나에게 다가오더니 손을 잡고 테이블 앞으로 끌어 세우며 말했다.

"용케도 잘 찾아왔구나. 너라면 해낼 줄 알았어. 자, 이곳은 17세기 영국의 찰스 1세가 살던 궁전이란다. 그리고 여기 이분은 이 궁전의 전속 요리사 제랄드 티생 씨야. 영국 왕실이 반한 아이스크림의 레시피를 개발한 분이지."

제랄드 티생 씨가 나를 보며 빙긋 웃었다. 그러면서도 오른손은 쉼 없이 움직이고 있었다. 나는 까치발을 들고 그릇 안을 살펴봤다. 정말 아이스크림이 만들어지고 있었다. 내가 신기해하자 제랄드 티생 씨가 말했다.

"이렇게 얼음을 채운 통 안에 설탕과 향미료 등을 섞어 만든 크림을 넣고, 크림이 얼 때까지 쉬지 않고 저으면 아이스크림이 되지요. 이 레시피는 온 세상에서 나만 알고 있어요. 찰스 1세 왕께서 절대로 절대로 비밀로 하라고 신신당부했거든요. 어느 날 갑자기 '지금

우아! 아이스크림이다!

쉬지 않고 저어야 해!

껏 먹어 보지 못한 새로운 디저트'를 내오라고 주문하신 게 그 시작이었죠. 며칠을 고민하고 열심히 만든 건데 드셔 보시더니 왕께서도 정말 좋아하시고 귀족들 칭찬도 많이 받았어요. 그러더니 절 불러서 엄청난 돈을 주시더니 제조 비법을 비밀로 하라고 하셨어요. 그때부터 왕께서 원하실 때마다 이렇게 팔 빠지게 젓고 있죠. 아이고, 드디어 완성됐네."

제랄드 티생 씨는 쉼 없이 흔들던 팔을 멈추고 완성된 아이스크림을 그릇에 담았다.

"이 아이스크림은 왕과 귀족들 외에는 먹을 수 없는 건데, 엄청난 비밀을 알려 준다고 하니까 딱 한 덩어리만 드리겠습니다. 자, 받으세요. 덕훈 씨."

덕훈 아저씨는 흐뭇하게 아이스크림을 받아 들고 만족스러운 표정을 지었다. 스푼으로 한 숟갈 뜨더니 입속으로 넣어서 그 맛을 음미했다. 나도, 나도 먹고 싶은데!

"자, 너도 한 입 먹어 보렴."

신난다! 아! 크게 입을 벌리고 찰스 1세 왕이 반한 아이스크림을 먹었다. 이 아이스크림이야 말로 요리사 아저씨가 팔 빠지게 만든 진짜 수제 아이스크림이로구나! 스푼으로 뜰 때부터 내가 그동안 먹던 아이스크림보다는 조금 덜 쫀쫀하다고 생각했는데, 입안에 들어가자마자 거짓말처럼 스르륵 사라졌다. 달짝지근한 뒷맛과 시원함만을 남긴 채 순식간에 사라져 버린 아이스크림. 아, 맞다. 이 아이스크림을 다 먹으면 다시 돌아가는 거잖아? 덕훈 아저씨, 조금만 천천히 드세요. 내 속마음을 아는지 모르는지 아저씨는 아이스크림 한 스푼 더 뜨며 말했다.

"티생 씨, 잘 들으세요. 이 아이스크림을 다 먹으면 우리는 사라집니다. 사라지기 전에 엄청난 비밀을 알려 드릴게요. 찰스 1세 왕께서는 1649년 1월 30일에 참수형으로 세상을 떠나게 됩니다. 의회파를 이끈 올리버 크롬웰의 '청교도 혁명'에 의해서 말이죠."

"예? 그게 무슨!"

"그때까지 아이스크림 레시피 잘 지키세요. 왕이 떠나고 나면 그때는 공개해도 되겠지만요. 그럼 저희는 이만."

아저씨는 마지막으로 남은 아이스크림을 박박 긁어서 내 입에 쏙 넣어 주었다. 달콤한 아이스크림 맛과 반대인 무시무시한 이야기를 방금 들었는데……. 왕이 죽는다고? 그것도 참수형! 목이 잘려서? 으악! 끔찍한 상상을 하며 아이스크림을 사르르 목 안으로 넘긴 순간, 거짓말처럼 덕훈 아저씨와 나는 편의점 아이스크림 매대 앞에 서 있었다.

"우아! 아저씨, 궁전에서 방금 한 말 사실이에요?"

"무슨 말? 찰스 1세가 죽는다는 말? 그럼, 역사에 다 나와 있는 얘기인걸. 찰스 1세가 세상을 떠나는 바람에 아이스크림의 비밀 레시피는 조금 더 빨리 세상에 공개될 수 있었지. 왕이 죽고 난 다음에 아까 만난 제랄드 티생 씨가 네가 먹었던 그 아이스크림의 레시피를 공개했거든."

"그렇게 소중한 레시피라고 하더니, 왕이 사라지니까 바로 공개했나 봐요? 그러면 많은 사람이 아이스크림을 만들어 먹을 수 있었겠네요?"

"아니야. 레시피가 공개됐어도 사람들이 막 따라 만들지는 않았어. 만드는 게 엄청나게 힘든 데다가 재료들도 비싸서 18세기까지만 해도 왕이나 귀족, 부자들만이 특별한 날 먹을 수 있는 귀한 음식이었지."

"그렇구나. 그렇게 귀한 아이스크림을 먹은 거였네요. 그럼 누구나 쉽게 아이스크림을 먹을 수 있게 된 건 언제부터예요?"

"1851년에 미국의 제이콥 푸셀이 아이스크림을 대량 생산하고 보관하는 방법을 발명한 다음부터란다. 제이콥 푸셀은 유제품을 만들어 파는 사람이었는데, 남아서 버리던 우유 크림을 어떻게 처리할까 궁리하다가 얼리면 오래 보관할 수 있다는 걸 알게 됐고, 아이스크림 공장을 차리게 됐지. 그때부터 아이스크림을 만들고 보관하

　는 기술이 발전해서 일반 사람들도 아이스크림을 즐길 수 있게 됐단다."

　아이스크림이 없었다면……. 상상하기도 싫다. 더운 여름에 먹는 아이스크림이 없던 시절에 사람들은 무엇을 먹으며 더위를 견뎠을까? 아! 아이스크림은 없지만 얼음은 있었을 테니까! 여름에는 아이스크림도 좋지만, 얼음이 사각사각 씹히는 하드나 팥빙수도 좋은데…….

　"아저씨, 이렇게 우유 들어간 아이스크림 말고, 하드나 빙수 이런 것들도 먹기 어려웠어요?"

"그럼. 당연하지. 예전에는 냉장고가 없었으니까 얼음을 녹지 않게 하는 것 자체가 어려웠어. 그러니까 당연히 높은 지위에 있는 사람들만 얼음이 사각사각 씹히는 얼음 디저트를 먹을 수 있었단다. 우유가 들어가지 않은 셔벗 형태의 아이스크림은 아주아주 오래전부터 먹었다고 전해지지. 고대 중국인들이 기원전 3000년경부터 눈과 얼음에 꿀과 과일즙을 섞어 먹었다는 이야기가 있어. 요즘 먹는 과일 빙수랑 맛이 비슷할 것 같구나. 또, 서양에서는 1세기에 로마 황제 네로가 노예들이 모아 온 눈과 얼음에 꿀, 나무 열매, 과일을 곁들여 먹었다는 이야기도 있지. 그런데 중국에서도 로마에서도 얼음이 금세 사라져 버리는 건 똑같잖아? 아이스크림은 어디서나 힘 있고 돈 있는 특권층만이 즐길 수 있는 귀한 별미였지."

"맛있는 건 나눠 먹어야지. 차별을 두는 건 나빠요!"

"그래. 맛있는 건 나눠 먹어야 하고말고. 오늘 퀴즈 정답인 이 사람도 맛있는 걸 함께 먹고 싶은 마음에서 아이스크림 만드는 법을 배워 왔는지도 모르겠구나."

오늘의 퀴즈

Q. 여러 가지 아이스크림 기원설 가운데는 이 사람이 중국에서 얼린

우유 만드는 법을 배워서 이탈리아에 전파했다는 이야기가 있어요. 이 사람이 27년 동안 세계를 여행하면서 보고 겪었던 사실들을 기록한 책의 이름은 《동방견문록》입니다. 이탈리아 베네치아의 상인이었던 이 사람의 이름은 무엇일까요?

① 제랄드 티생   ② 마르코 폴로   ③ 찰스 1세
④ 제이콥 푸셀   ⑤ 올리버 크롬웰

오늘 들은 이름이 너무 많아서 헷갈린다 헷갈려. 가만! 그중에 처음 들어 보는 이름이 있는 것 같은데······.

"2번! 마르코 폴로!"

정답을 듣고 아저씨가 놀란 표정을 지으며 말했다.

"대단한데, 오늘도 포인트 500점 획득이다. 그러면 어디 보자······. 포인트가 아까 영국 궁전에 다녀왔으니까 1000점을 빼고······."

"그런 게 어딨어요! 제가 가고 싶어서 간 것도 아닌데요! 황금 열쇠로 미끼를 만들어 놨잖아요. 아이스크림 파격 할인 1+2라고 광고까지 크게 써 놓고 말이에요."

"어쨌거나 포인트는 쓴 거야. 재밌는 경험했으니까 아깝지 않잖아?"

"그건 그렇지만……."

"자, 그러면 400포인트에 퀴즈 포인트를 더해서 현재 900포인트야. 앞으로도 비밀의 문에 들어갈 기회는 충분해. 아이스크림 1+2 행사니까 아이스크림 냉장고에서 두 개 꺼내 가거라."

히히. 아이스크림 복 터진 날이네. 그런데 학원 수업 듣는 동안 금세 녹아 버릴 텐데 어쩌지. 앗! 오늘도 학원 지각이다. 아이스크림 하나는 학원 선생님께 드려야겠다. 맛있는 건 나눠 먹어야 하니까!

영국의 청교도 혁명

아이스크림을 좋아했던 영국의 찰스 1세는 단두대에서 처형당하는 비극적인 죽음을 맞이하는데, 그 원인은 바로 청교도 혁명 때문이었지.

찰스 1세의 아버지인 제임스 1세는 왕권은 신이 준 것이라는 왕권 신수설을 믿었어. 왕의 권력은 신이 준 것이기 때문에 법을 지킬 필요도 없을 정도로 강력한 힘을 갖고 있다는 믿음이었지. 그런데 이즈음의 영국 의회에는 왕이라도 법을 지켜야 한다고 생각하는 청교도들이 많이 있었어. 당연히 제임스 1세와 자주 부딪히게 됐지.

그런데 제임스 1세는 의회를 설득하기는커녕 왕실의 재정을 늘린다는 핑계로 이미 없어진 세금을 되살리고, 일부 귀족과 부자 상인에게 특권을 주기도 했어. 종교의 자유도 빼앗고 억지로 국교인 성공회를 믿으라고 명령했지. 제임스 1세에 대한 불만은 계속 커져 나갔어.

제임스 1세에 이어서 왕위에 오른 찰스 1세 역시 아버지의 뜻에 따라 통치했어. 청교도인을 탄압하고 의회의 동의 없이 세금을 걷기도 했지. 의회는 화가 나서 국왕이 마음대로 권력을 휘두르지 못하게 하는 법인 '권리 청원'을 승인해 달라고 해. 찰스 1세는 민심에 따라서 일단 '권리

청원'을 승인했는데, 아무리 생각해도 화가 나서 견딜 수가 없었던 거야. 그래서 강제로 의회를 해산시키고 무려 11년 동안 의회를 열지 않았어.

이런 탄압에 맞서서 수많은 청교도들은 신앙의 자유를 찾아서 나라를 떠나기도 했어. 하지만 찰스 1세는 아랑곳하지 않았지. 청교도뿐 아니라 장로교를 믿던 스코틀랜드 사람에게까지 국교를 강요하게 돼. 그러자 스코틀랜드 사람들은 찰스 1세에 맞서 싸우게 되지.

스코틀랜드 사람과 전쟁을 하기 위해서 찰스 1세는 11년 만에 드디어 의회를 열었어. 하지만 이미 등 돌린 의회가 왕의 요구를 들어줄 리 없었지. 왕을 비판하고 부당한 지시를 거부했어. 그러자 찰스 1세는 또 화가 나서 의회를 흩어 버리게 돼. 이런 일이 반복되자 의회는 찰스 1세에 맞서서 부당하게 세금을 걷거나 국교를 강요하지 못하게 하고, 국왕의 지시가 없어도 의회가 열리도록 했어. 화가 난 찰스 1세는 군대를 모아서 의회 지도자를 체포하려고 했지. 의회도 당하고만 있지 않았어. 의회 역시 군대를 모아서 왕에게 맞섰지.

이 전쟁을 바로 청교도 혁명이라고 해. 앞장서서 싸운 사람이 청교도였기 때문이야. 청교도 혁명을 이끄는 군대는 올리버 크롬웰이라는 사람이 지휘했어. 강직한 성품의 청교도였고, 부하들의 존경도 한몸에 받았지. 훌륭한 지도자 올리버 크롬웰이 이끄는 군대가 승리하고, 찰스 1세는 스코틀랜드로 도망치게 돼. 하지만 스코틀랜드는 40만 파운드를

받고 찰스 1세를 크롬웰에게 넘겨주게 되지.

　1649년 1월 30일, 찰스 1세는 시민들 앞에서 공개 처형되었어. 영국에는 공화정이 선포됐지. 공화정이란 국민이 선출한 대표자가 이끄는 정치를 말해. 왕이나 군주가 다스리는 '왕정'과 반대되는 말이지. 왕에게 맞서서 국민의 대표자를 뽑은 청교도 혁명을 최초의 시민 혁명이라 부르기도 해. 이러한 정신은 140년 후에 일어난 프랑스 혁명으로까지 이어지게 되지.

마르코 폴로

　이탈리아의 상인이자 여행가인 마르코 폴로는 처음으로 유럽에 동양을 소개한 사람이야. 마르코 폴로가 열다섯 살 때 동양으로 여행을 떠났던 아버지와 삼촌이 집에 돌아왔어. 폴로의 아버지는 몽골 제국의 황제 쿠빌라이 칸이 로마 교황에게 보내는 편지를 가지고 있었지. 1271년에 아버지와 삼촌은 교황의 답장을 받아 다시 몽골 제국으로 가게 됐는데, 마르코 폴로도 함께 가게 됐지.

　폴로 가족은 바닷길보다 안전한 육로를 통해 몽골로 가기로 했어. 하지만 대륙을 가로질러 가는 길 역시 위험한 건 마찬가지였어. 도적 떼를 만나기도 하고 야생 짐승의 습격을 받기도 했지. 마르코 폴로가 병에 걸려서 중간에 1년을 쉬기도 했어.

　우여곡절 끝에 1275년, 마침내 몽골의 쿠빌라이 칸을 만났어. 그 사이 쿠빌라이 칸은 나라 이름을 '원'으로 바꾸고 원나라의 황제가 되어 있었지. 마르코 폴로는 원나라에 머물며 관직에 올랐고, 쿠빌라이 칸의 총애를 받으며 무려 17년을 살게 돼.

　1292년에 원나라 공주가 지금의 이란 지역에 있던 일한국으로 시집

가게 되고, 폴로 가족은 공주에게 가는 길을 안내한 뒤에 고향인 베네치아로 돌아가기로 했어.

　1295년에 드디어 마르코 폴로는 집으로 돌아가게 돼. 왕복으로 무려 24,000킬로미터에 이르고, 24년이나 걸린 여행이 끝난 거지. 하지만 마르코 폴로가 돌아온 고향은 전쟁 중이었어. 폴로는 전쟁에 나갔다가 제노바 군에게 사로잡히고 말았어. 포로가 된 마르코 폴로는 감옥에서 루스티첼로라는 작가를 알게 돼. 루스티첼로 덕분

에 원나라에서 겪은 이야기를 책으로 쓸 수 있었어. 원나라에서 오래 산 마르코 폴로는 이탈리아어로 글을 잘 쓸 수 없었거든. 마르코 폴로가 들려주는 이야기를 루스티첼로가 글로 옮긴 책이 바로 《동방견문록》이야. 원나라에 머물면서 이곳저곳을 여행한 17년간의 이야기가 고스란히 담긴 책이었지. 그때까지 동양에 대해 잘 알지 못했던 유럽인들은 《동방견문록》을 통해 동양에 큰 관심을 두게 됐어.

《동방견문록》에 원나라에서는 우유로 만든 얼음과자를 거리에서 팔고 있다는 기록이 있어. 그래서 마르코 폴로가 그 제조법을 유럽에 소개했고, 그래서 아이스크림이 생겨났다는 설도 있지.

어린 나이에 아버지를 따라 미지의 세계로 여행을 떠난 마르코 폴로의 모험담은 훗날 콜럼버스를 비롯한 많은 탐험가에게 꿈을 불어넣어 주었어. 지금의 우리에게도 용기를 북돋아 주는 것 같지 않니?

아이스크림의 한국사

국민 간식 아이스크림

우리나라에선 우유로 만든 부드러운 아이스크림이 유행하기 전에 '아이스케키'라고 불리던 바 형태의 아이스크림이 있었어. 아이스케키는 일제 강점기 때부터 한국 전쟁 이후까지 인기를 끈 얼음덩어리야. '물뼈다귀'라고도 불렸는데, 설탕물을 얼려서 작은 막대기에 꽂은 간단한 음식이지. 형편이 어려운 어린아이들이 아이스케키 장수가 돼서, 커다란 통을 어깨에 메고 여기저기 다니면서 '아이스케키'를 소리치며 팔았어.

그런데 당시에는 얼음을 만들 때의 위생이 좋지 않아서 아이스케키를 먹고 배탈이 나는 사람이 많았고, 장티푸스 같은 위험한 병에 걸리는 사람도 있었지. 그래서 오랫동안 불량 식품 단속 대상이었어. 달콤하고 시원하지만, 위험한 음식이었던 거지.

1962년에 삼강산업이 미국에서 아이스크림 기계를 수입해 공장제 생산을 시작하게 돼. 공장에서 만든 아이스크림이 위생 문제를 해결하면서 아이스크림의 인기는 점점 더 높아졌어. 처음에는 '하드'라고 부르는 막대기 형태의 아이스크림이 인기였고, 1970년대에는 우유가 들어가 부드러운 부라보콘과, 큰 컵에 담긴 투게더 아이스크림이 인기를

끌었어. 유지방 함유량이 80퍼센트가 넘는 투게더 아이스크림은 당시의 일반 하드 아이스크림 10개 가격인 600원에 달했어. 그래서 '월급날에 온 가족이 먹는 음식'의 대명사가 되기도 했지. 그 외에도 누가바, 쭈쭈바 같은 유명한 아이스크림이 탄생하고 인기를 끌면서 아이스크림의 전성 시대가 찾아왔어.

1980년대에는 스크류바, 돼지바 등 지금까지도 인기가 많은 다양한 아이스크림이 히트하면서 남녀노소 누구나 즐기는 간식이 됐어. 1990년대 이후에는 배스킨라빈스 같은 프리미엄 아이스크림이 인기를 끌기 시작하고, 최근에는 개성 있는 수제 아이스크림 전문점까지 생겨나고 있지.

더운 날에 시원하고 달콤한 것을 찾는 욕망은 어느 시대, 어느 곳, 누구에게나 있었어. 손쉽게 편의점에서 다양한 아이스크림을 만날 수 있는 지금이 참 감사해.

아이스크림의 TMI

 정보 한 개

아이스크림을 부드럽게 만드는 역할을 하는 것은 사실 '공기'래. 아이스크림을 섞는 과정에서 특수 기구를 이용해 공기를 주입하는데, 들어가는 공기의 양에 따라 부드러워지기도 하고, 쫀쫀하고 진한 맛이 나기도 한대. 공기를 많이 넣으면 아이스크림의 부피가 늘어나면서 부드러워지고, 공기를 조금 넣으면 쫀쫀하고 풍부한 맛이 나지. 아이스크림 재료 부피의 80~100퍼센트에 해당하는 공기를 집어넣기 때문에 아이스크림에 공기 함량이 생각보다 높은 편이야. 아이스크림이 부피에 비해 가벼운 것도 다 공기 때문이지.

아이스크림은 공기가 많아!

하드는 공기가 적어!

정보 두 개

녹지 않는 아이스크림도 있어. 유전자를 변형시킨 단백질을 첨가하기도 하고, 두부 찌꺼기인 비지를 넣어 녹지 않는 아이스크림 개발에 성공했어. 하지만 녹지 않는 아이스크림이 어색해서인지, 아니면 녹지 않는 역할을 하는 재료가 맛이 없어서인지, 인기를 끌지는 못하고 있어.

정보 세 개

우리나라에서는 아이스크림 포장지에 유통 기한이 쓰여 있지 않아. 국내 식품위생법상 아이스크림은 영하 18도 이하에 냉동 보관하면 문제가 없어서 제조 일자만 표시되지. 혹시라도 아이스크림을 뜯었을 때 '성에'가 끼어 있다면 먹지 않는 게 좋아. 아이스크림 표면에 있는 성에는 유통 과정 중에 녹았다 얼었다 반복했다는 의미거든. 그 과정이 반복되면 아이스크림에 해로운 미생물이 자라났을 수 있어.

정보 네 개

전 세계에서 아이스크림을 제일 사랑하는 나라는 어디일까? 한 명당 1년에 먹는 아이스크림이 28.4리터나 되는 뉴질랜드야. 깨끗한 자연에서 자란 젖소가 생산한 신선한 우유가 풍부해서 유제품 산업이 발전했고, 아이스크림의 인기로까지 이어졌지.

정보 다섯 개

우리나라의 아이스크림 소비량은 점점 줄어들고 있어. 여러 가지 이유가 있겠지만, 출산율의 감소로 아이스크림을 먹을 어린이들의 숫자가 줄어서 그렇다는 분석도 있어.

짜릿한 유혹의
달콤한 물

탄산음료

"우아! 치킨이다!"

일찍 퇴근한 엄마가 치킨을 포장해 오셨다. 엄마가 현관문을 열자마자 스멀스멀 풍겨 오는 고소한 냄새! 아, 이 냄새는 진짜 못 참지. 아직 이른 시간이라 조금 있다가 저녁으로 먹자고 엄마가 말했지만, 무슨 소리! 치킨을 앞에 두고 참는 것은 한국인의 도리가 아니지. 나는 치킨 포장지를 풀어 식탁에 펼쳐 놓았다. 그런데……. 중요한 하나가 빠져 있었다! 설마…….

"엄마, 콜라는요? 콜라가 안 들어 있는데요?"

"콜라는 오늘 품절이라고 해서 엄마가 대신에 치킨 무 많이 달라고 했어."

"뭐라고요? 말도 안 돼!"

"왜 말이 안 돼? 콜라는 몸에도 안 좋은데, 대신에 무 많이 먹으면 되지."

"무하고 콜라하고 같아요? 콜라가 없으면 사이다라도 달라고 하지 그랬어요!"

콜라가 없는 치킨은 말도 안 된다. 느끼함이 한 번씩 찾아올 때 콜라로 싹 씻어 줘야 하는데……. 이대로 있을 수는 없었다.

"엄마. 잠깐만요. 저 편의점 금방 갔다 올게요."

"아니, 당장 먹어야 한다고 난리더니 편의점은 갑자기 왜?"

"치킨 먹을 때 아니면 콜라를 언제 먹어요? 저는 포기할 수 없다고요!"

황당해하는 엄마를 뒤로하고 HS 편의점으로 내달렸다. 유리문 앞에서 외쳤다.

"콜라요!"

"콜라는 어린이 건강을 위해 접수하지 않습니다."

엥? 편의점이 주문 거부도 하네? 그렇다면…….

"사이다요!"

"사이다 역시 금지 품목입니다."

"그렇다면, 탄산수! 탄산음료요!"

문이 열리고 아저씨가 황당한 표정으로 나를 내려다보며 말했다.

"콜라, 사이다, 탄산음료……. 다 어린이 건강에 좋지 않은 것들인데……. 그렇게 당당하게 외칠 일이니?"

"매일 마시는 것도 아니고, 집에 치킨이 있단 말이에요. 치킨에 콜라가 없다는 게 그게 말이 돼요?"

"치킨에 콜라가 없다는 건 말이 안 되기는 하지. 주문 받았으니까 잠깐만 기다려라."

아저씨는 비밀의 문으로 사라졌다가 금세 나왔다. 보글보글 거품이 나는 물을 나에게 내밀었다. 색깔이 없는 걸 보니, 사이다인가? 나는 조심조심 슬쩍 한 입 마셔 보았다.

"이게 뭐예요. 아저씨, 그냥 탄산수잖아요! 달콤한 맛이 들어가야 진짜 탄산음료죠."

"네가 탄산수를 주문했잖니? 그렇다면…… 이런 걸 원하는 거야?"

아저씨는 할 수 없다는 듯이 고개를 끄덕이더니, 작은 병을 들어 보였다. 그러더니 내가 방금 마신 탄산수 컵에 병에 든 액체를 한 방울 떨어트렸다. 물은 순식간에 연한 갈색이 되었다. 그래! 이거야!

"우아! 콜라인가요?"

아저씨 손에 들린 컵을 가져가려고 했지만, 아저씨는 컵을 건네주지 않았다. 아니 왜! 원망 섞인 눈으로 아저씨를 바라보았다.

"미안하지만, 마시면 안 돼. 이건 1885년에 미국의 약사인 존 펨버튼이 만들었던 최초의 콜라란다. 콜라 원액에 코카나무잎으로 만든 마약 성분인 코카인이 들어 있지. 어린이가 마시면 절대 안 돼. 그냥 최초의 콜라는 이랬구나……. 하고 알도록 친절하게 보여 준 거야. 호호."

"에이, 아쉬워요. 그런데 약사가 콜라를 만들었다고요?"

"그래. 당시에는 약국에서 물에 탄산을 주입한 탄산수를 팔았거든. 네가 아까 처음에 마신 물이 그거란다. 콜라를 만들기 전에 펨퍼튼은 프랑스의 만병통치약을 본떠서 술에 코카나무잎과 콜라나무 열매를 넣어서 만든 약을 만들었어. 이름은 '프렌치 와인 코카'였단다. 그런데, 1886년에 미국 애틀랜타주에서 금주령이 내려지게 돼. 술을 기본으로 했던 '프렌치 와인 코카'는 불법이 되었지. 그래서 존 펨버튼은 술을 빼고 대신 이미 약국에서 팔던 탄산수에 코카나무잎과 콜라 열매 추출액을 섞

코카나무잎으로 만든 최초의 콜라란다!

저 마셔 볼래요!

어 만든 진한 갈색의 시럽을 넣게 되었지. 그리고 주재료의 이름을 따서 코카콜라라고 붙였어. 바로 이 최초의 콜라란다."

"웩! 그러면 콜라에 마약이 들어가는 거예요?"

"지금까지 코카콜라의 제조법은 비밀에 부쳐져 있지. 단, 코카콜라 성분 중에 문제가 됐던 마약인 코카인은 1903년부터는 들어가지 않는단다."

"휴, 다행이다. 코카인도 들어가지 않는데, 왜 어른들은 어린이는 콜라를 많이 마시면 안 된다고 하는 거예요? 콜라만 그런 것도 아니고, 사이다, 환타! 다 못 마시게 하잖아요. 너무해요!"

"그건 탄산음료에 당 성분이 너무 많이 들어가기 때문이야. 탄산음료 한 캔에 열 숟가락 정도의 설탕이 들어간다고 보면 되거든. 설탕이 얼마나 몸에 나쁜지는 지난번에 설명해서 알고 있지? 비만, 당뇨, 고혈압……."

으, 결국 마시지 말라는 얘기군. 나는 아저씨 말을 가로채며 말했다.

"그런데 그렇게 몸에 안 좋은 탄산음료를 약국에서 왜 팔았어요?"

"19세기 말의 미국에는 천연 탄산수에 약효가 있다고 믿는 사람들이 많았지. 하지만 천연 탄산수는 운반하는 것도 힘들고, 보관하기도 어렵다 보니 만들어 먹는 방법은 없을까 생각하게 됐어. 탄산수를 만들 수 있는 소다 파운틴이라는 이름의 기계가 있었는데, 약국마다 이 기계를 갖다 두고 탄산수를 팔았단다. 천연 탄산수 같은 느낌을 내기 위해서 베이킹 소다를 조금 탄 뒤에, 약초나 과일즙, 설탕을 조금 타기도 했지. 탄산음료를 마시면 조금 있다가 끄윽, 트림이 나오고 시원한 느낌이 들잖아? 아마도 그런 현상 때문에 몸에 좋다고 생각한 게 아닌가 싶어."

이야기를 듣다 보니 시원한 탄산음료를 쭉 들이켜고 싶어졌다. 콜라를 찾아 여기까지 왔지만 아직 콜라는 한 방울도 못 마셨다. 이게 뭐야! 집에 있는 치킨은 다 식었을 것 같고, 콜라도 못 사고, 탄산음료에 얽힌 이야기만 줄줄이 듣고 있자니, 정말 답답하다, 답답해. 고구마 100개를 먹은 듯한 이 답답함. 뻥 뚫리는 시원한 사이다가 필요한 시점이야.

"아저씨, 저도 탄산음료의 효능을 믿기 시작했어요. 이 답답한 갈증을 치료해 줄 시원한 사이다 한 방이 필요해요."

"사이다라……. 우리가 즐겨 먹는 사이다는 사실, 일본과 우리나라 두 나라에서만 쓰는 말이야. 영어로 사이더라고 하면 사과술을 의미하거든."

"아니, 사과술 말고요. 탄산음료! 시원하고 짜릿하고 달콤한 탄산음료를 주세요."

간절한 내 눈빛을 본 아저씨는 어쩔 수 없다는 듯 비밀의 문으로 들어갔다. 이번엔 제발 제대로 갖고 나와야 할 텐데……. 잠시 후, 비밀의 문을 열고 나온 아저씨 손에 웬 곤봉 모양의 병이 들려 있었다. 병에 쓰인 글자를 읽어 보니, S, C, H, WEPPES? 편의점에서 자주 보던 탄산음료 상표였다. 아저씨는 병을 나에게 내밀며 말했다.

"자, 시원하게 쭉 마셔 봐. 그렇다고 다 마시지는 말고."

정체불명의 병 모양에 조금 의심이 갔지만, 들어 본 적 있는 탄산수 상표에 믿음이 갔다. 병 입구에 입을 갖다 대고 꿀꺽, 꿀꺽, 꿀꺽, 꿀… 꺽을 하지 못하고 아저씨에게 병을 빼앗겨 버렸다.

"어? 한 모금만, 한 모금만 더요! 아직 갈증이 안 풀렸단 말이에요!"

아저씨는 냉장고를 열어 생수 한 병을 주더니 말했다.

"자, 목이 마르면 물을 마시렴. 설탕이 많이 들어간 탄산음료를 많이 마시면 오히려 목이 마르단다. 네가 방금 마신 탄산음료의 브랜드 이름은 슈웹스인데, 코카콜라가 탄생하기 전에 생겨난 탄산음료야. 스위스의 아마추어 과학자인 제이콥 슈웹이라는 사람이 만들었는데, 최초로 대규모로 병에 탄산을 주입해서 상품화한 제품이지. 놀랍게도 1783년부터 지금까지도 팔리고 있단다."

"우아! 그러면 슈웹이라는 사람이 물에 탄산을 넣는 기술을 발견한 거예요? 완전 떼돈을 벌었겠어요."

"제이콥 슈웹이 탄산수를 발명한 건 아니야. 탄산수는 그보다 더 전인 1772년에 조지프 프리스틀리라는 영국의 화학자가 발명했지. 하지만, 이 기술을 가지고 사업을 벌이거나 돈을 번 건 아니란다. 그로부터 10년쯤 지난 뒤에, 제이콥 슈웹이 소규모로 만들어지던 탄산음료 제작 기술을 개선해서 본격적으로 대규모로 상업화한 시설을 갖추고 탄산음료를 만들었지. 네 말대로 돈도 많이 벌었단다."

"발명한다고 다가 아니네요."

"하지만 조지프 프리스틀리가 탄산수를 발명한 덕에 지금 이렇게 시원한 탄산음료를 마실 수 있게 됐잖니."

아저씨는 마치 나를 놀리듯이 병에 남은 탄산음료를 단숨에 마셔 버렸다.

"저, 겨우 세 모금밖에 못 마셨는데요. 집에서 식어 가고 있는 치킨은 어떡하냐고요!"

"그렇다면 치킨에 대한 예의를 지키기 위해서, 오늘의 퀴즈를 맞히면 시원한 콜라 한 캔을 줄게. 다 마시지 말고, 엄마하고 꼭 나눠 마셔야 한다. 끄윽."

편의점에 아저씨의 트림 소리가 울려 퍼졌지만, 나는 마음이 급했다.

"빨리 문제요!"

오늘의 퀴즈

Q. 코카콜라가 미국의 국민 음료로 자리를 잡은 비결 중 하나는 1886년부터 70년 동안 가격을 올리지 않고 싸게 판 것인데요. 70년 동안 그대로였던 코카콜라의 한 병의 가격은 얼마였을까요? (현재 환율 1달러 = 1,200원으로 환산)

① 1센트(12원)   ② 5센트(60원)   ③ 50센트(600원)
④ 1달러(1200원)   ⑤ 2달러(2400원)

헉! 어렵다! 일단, 4번과 5번은 요즘과 별 차이가 나지 않는 것 같아서 탈락이고, 1번은 너무 싼 것 같아서 탈락! 그렇다면 135년 전에 600원? 너무 비쌌던 것 아닌가? 쌌다고 했으니까, 답은…….

"2번! 5센트요!"

"헉! 정답! 추리력이 대단하구나. 자, 여기 있다. 시리도록 차갑고, 따가울 정도로 찌릿찌릿할 거다. 맛있게 마셔!"

나는 시원한 콜라 한 캔을 받아들었다. 히히. 신난다! 기다려라, 치킨! 콜라가 나가신다!

탄산음료의 세계사

미국의 금주법

1886년, 미국 애틀랜타 주에 금주령이 생기면서 코카콜라가 탄생했어. 그런데 1920년이 되자 아예 미국 전체에 금주법이 생겨났어. 금주법은 술을 만들지도, 팔지도 못하는 법이야. 금주법 때문에 술을 마시지 못하게 된 사람들이 술 대신에 콜라를 마시면서 콜라가 인기 음료가 되었다는 말도 있지.

금주법을 추진한 사람들은 미국의 보수주의자들이었어. 처음에 금주법은 제1차 세계 대전 중에 부족한 곡물이 술을 만드는 데 함부로 쓰이는 것을 막기 위해서 생겨났지만, 점차 처음과는 다른 정치적 목적을 갖게 됐지. 주로 양조업에 종사하는 이민자들을 싫어하는 사람들, 술 때문에 노동자들이 일을 안 한다고 여기는 사람들, 적대국인 독일에 거부감을 가지고 있던 사람들이 금주법을 찬성했어.

금주법이 시행되면서 공식적으로는 미국에서 술은 사라졌어. 일부 지역은 금주법이 발효되지 않은 곳도 있었지만, 대부분의 미국인은 술을 마시지 않고 살아갔지. 하지만 갑자기 자유가 억압당했는데, 아무 일도 없이 평화롭지는 않았겠지? 당연히 나쁜 일들이 생겨났어.

몰래몰래 만드는 술의 가격이 오르게 되고, 술을 마시고 싶은 서민들은 괴로워했지. 몸에 해로운 가짜 술을 마시다가 병에 걸리는 사람도 늘어났어. 불법으로 술을 만들 수 있는 도구들이 팔려 나갔지. 금주법을 감시하는 사람들이 적어서 제대로 단속이 되지도 않았어. 뇌물을 주면 쉽게 봐주기도 했지. 정작 금주법을 만들자고 주장한 사람들은 비싼 돈을 주긴 했지만 술을 마시는 데 어려움이 별로 없었지.

그러던 와중에 범죄 조직이 불법으로 술을 사고팔면서 부자가 되는 일도 생겨났어. 금주법을 기회 삼아서 세력을 늘려갔지. 영화 속 주인공으로 유명한 마피아 대부 알 카포네가 바로 이 시대의 범죄자야.

금주법의 통과와 시행으로 힘을 얻은 보수주의자들은 자신들의 의견을 더 강하게 주장했지. 이민자를 제한하고, 백인 우월주의도 심해졌어. 이런 이상한 변화에 점차 반대하는 사람이 늘어나게 돼.

1929년에 미국은 경제 대공황을 겪게 되고 미국 전역이 혼란에 빠지게 되거든. 1932년에 대통령에 출마한 루스벨트는 금주법의 폐지를 공약했어. 루스벨트는 대통령이 되어서 공약을 지켰는데, 미국 전체에 금주법이 사라진 것은 아니야. 연방국이라서 각 주 정부의 결정을 따라야 했거든. 미국 전체에 금주법이 사라진 때는 1966년이었어.

시민의 자유를 억압하는 법이 어떤 결과를 가져오는지 금주법은 잘 보여 주고 있어. 못 하게 하면 더 하고 싶다는 말도 있잖아? 금주법이 딱 그런 법이었지.

탄산음료
인물 돋보기

조지프 프리스틀리

탄산음료의 기본이 되는 탄산수를 처음 만든 사람은 영국의 화학자 조지프 프리스틀리야.

1772년에 우연히 맥주 양조장에 들렀다가 양조통에서 거품이 나오는 것을 발견했지. 그 거품은 바로 이산화탄소였어. 프리스틀리는 이산화탄소를 물에 통과시켜서 톡 쏘는 맛의 탄산수를 만들었고, 제조법까지 공개했지. 이것이 탄산음료의 시초가 되었어. 탄산수를 처음 발견했

이것 봐!
이산화탄소야!

을 때 프리스틀리는 신비로운 탄산수가 괴혈병 치료제로 쓰일 수 있을 거라고 생각했대.

기체에 관심을 가지게 된 프리스틀리는 수은을 통해 기체를 수집하는 방법을 알아 내고, 암모니아, 일산화질소, 염화수소 등 기체를 연달아 발견해 냈지.

프리스틀리는 사실 다른 업적으로 더 유명한데, 바로 산소를 처음 발견해 낸 사람이기도 해. 1774년에 적색 산화수은을 시험관에 넣고 볼록렌즈로 태양열을 쬐어 주면 기체가 발생한다는 사실을 알아 냈지. 그 기체가 바로 산소였어.

또, 광합성의 원리를 처음 발견해 냈어. 밀폐된 유리 그릇 안에 갇힌 쥐는 금방 죽지만, 식물과 함께 가둬 놓으면 쥐가 죽지 않는다는 실험으로 식물이 산소를 내뿜는 걸 알게 된 것이지.

이렇게 엄청난 업적을 쌓았던 프리스틀리는 1776년에 탄산수의 발견과 공기의 연구에 대한 공로를 인정받아서 영국 왕립학회가 주는 과학상인 코플리 메달을 받았어. 하지만 너무 연구에 매진했던 것일까? 실험 중 노출된 일산화탄소와 수은에 중독돼서 1804년에 세상을 떠나게 되지.

끊임없이 연구하고 발견해 낸 과학자는 알고 있었을까? 250여 년이 흐른 뒤에 사람들이 이토록 탄산음료를 즐기게 될 줄을 말이야.

탄산음료의 한국사

탄산음료 전성시대

우리나라에서는 언제부터 탄산음료를 마셨을까? 오래전부터 천연 탄산수를 마시긴 했지만, 탄산을 주입해 만든 탄산음료를 먹기 시작한 것은 1905년부터야. 일본인 히라야마 마츠타로가 인천에 탄산수 제조소를 만들었는데, 미국식 탄산수 제조기와 5마력짜리 발동기를 사용해 사이다를 만들었다고 해. 1930년대에는 사이다 공장이 58개나 있었는데, 한 곳 빼고 다 일본인이 주인이었대.

광복 이후에는 사이다 공장이 더 많이 생겨났어. 서울의 서울 사이다, 부산의 동방 사이다, 대구의 삼성 사이다 등 경쟁이 치열했지. 그러다 1950년 5월에 각각의 사이다 공장에서 일하던 기술자와 자본가 일곱 명이 자본을 모아서 사이다 회사를 만들었어. 일곱 명이 모여서 만든 회사라는 의미에서 별이 일곱 개 모였다는 뜻의 '칠성'이란 브랜드를 사용하게 됐지. 지금까지도 사이다 판매 1위를 지키고 있는 칠성 사이다가 그때 생긴 거야.

콜라는 한국 전쟁 때 미군에 공급되면서 들어온 것으로 추정되고 있어. 1968년부터 한양식품이라는 회사에서 미국 코카콜라 사에게 국내 독점 생산 판매권을 얻었어. 미국 본사로부터 원액을 받아 코카콜라를 만들었지. 당시에는 우리나라에서 코카콜라를 파는 것을 금지해 달라는 국내 청량음료 조합의 건의까지 있었다고 해. 우리나라 탄산음료 시장에 콜라가 본격적으로 등장하면서 70년대에 이르자 '콜라'는 젊은이의 상징이 되었어. 도시적이고 세련된 이미지가 있었지. 반대로 '사이다'는 나이 든 분들이 좋아하는 음료로 구분되는 분위기가 있었다고 해.

1980년대에는 다양한 맛의 탄산음료가 나왔는데, 우유와 탄산음료를 섞은 맛의 암바사와 밀키스, 보리로 만든 맥콜, 보리텐 등이 인기였지.

90년대에는 탄산의 양을 줄이고 과즙을 첨가한 음료가 인기를 끌었어. 신세대 음료라는 광고 문구와 함께 등장한 데미소다가 대표적이지.

최근에는 탄산음료에 들어 있는 첨가당이 건강에 좋지 않다는 인식 때문에, 설탕의 양을 줄이거나 대체당을 사용한 저당, 저칼로리 탄산음료가 많이 나오고 있어. 단맛을 아예 빼고 물에 탄산만 넣은 탄산수를 찾는 사람도 많아졌지. 국내 탄산수 시장은 2015년부터 2020년까지 29퍼센트나 성장했다고 해.

우리나라 사람들이 탄산음료를 마신 역사는 그리 길지 않지만, 이제는 톡 쏘는 탄산이 없는 식생활은 상상할 수 없게 됐지.

탄산음료의 TMI

정보 한 컵

코카콜라하면 떠오르는 선명한 글씨체는 누가 만들었을까? 독특한 필기체로 적힌 'Coca-Cola' 로고를 처음으로 생각해 낸 사람은 코카콜라를 팔던 약국의 회계 담당자였던 프랭크 로빈슨이라는 사람이야. 디자인 공부는 해 본 적도 없는 사람이었지.

정보 두 컵

2021년에 퇴임한 미국의 도널드 트럼프 전 대통령은 다이어트 콜라를 너무 좋아했던 것으로 유명해. 심지어 대통령 집무실에 붉은색 '콜라 버튼'이 있었다고 해. 이 버튼을 누르면 직원이 다이어트 콜라 한 잔을 가져왔대. 탄산음료를 좋아하는 트럼프 전 대통령은 이런 식으로 하루에 콜라 열두 잔이나 마셨대.

정보 세 컵

코카콜라의 브랜드 가치는 얼마일까? 글로벌 브랜드 컨설팅 업체 '인터브랜드'가 발표한 '2020 글로벌 100대 브랜드' 조사에서 코카콜라는 애플, 아마존, 마이크로소프트, 구글, 삼성전자에 이어서 6위를 기록했어. 브랜드의 가치는 569억 달러에 달하지.

정보 네 컵

2014년에 미국 캘리포니아주 버클리시에서는 탄산음료에 세금을 매기기로 해서 논란이 됐어. 시민들의 건강을 위해서 탄산음료 1온스(약 28그램)당 1센트의 세금을 내도록 한 거야. 그런데 이 법이 생긴 지 5개월 만에 탄산음료의 소비량이 21퍼센트나 줄었다고 해. 그리고 물 소비량은 63퍼센트나 늘어났지. 미국 말고도 다른 나라에서도 탄산음료 세금을 추진 중인 곳이 있고, 우리나라에서도 탄산음료에 세금을 매기자는 주장이 나온 적이 있어. 뭐든 강제로 하는 것은 바람직한 방법은 아니지만, 오죽 몸에 해로우면 이런 법까지 나올까 싶기도 해.

정보 다섯 컵

2011년에 미국에서는 원조 코카콜라 병의 경매가 열렸는데, 24만 달러(한화 약 3억1000만 원)에 팔렸다고 해. 최초의 코카콜라 병은 현재 세계에 단 두 개만이 남아 있는데, 이날 경매된 병 말고 다른 하나는 코카콜라 본사 측이 보관하고 있다고 해.

정보 여섯 컵

다이어트 콜라나 제로 사이다는 설탕이 들어가지 않았는데도 어떻게 단맛을 낼까? 아스파탐이나 사카린 같은 인공 감미료로 단맛을 내는 거야. 아주 적은 양만 써도 설탕보다 수백 배에서 수천 배까지 더 강한 단맛을 낼 수 있지. 그렇다고 인공 감미료에 칼로리가 아예 없는 것은 아니야. 식품 성분 표시 규정상 음료는 열량이 100밀리리터당 5킬로칼로리 미만일 경우 0킬로칼로리로 표기할 수 있어서 '제로 칼로리'로 표기가 가능하지. 하지만 열량이 낮다고 해서 무조건 많이 먹어도 되는 건 아니야. 단맛이 식욕을 자극해서 다른 음식의 섭취량을 늘릴 수 있어.

아홉번째

달콤하지만
쓰디쓴 역사

초콜릿

오늘은 2월 14일, 발렌타인데이다. 학년이 바뀌기 전, 마지막으로 내 마음을 고백할 수 있는 날. 어제 덕훈 아저씨가 나에게 신비의 초콜릿이 담긴 병을 주었다. 이것만 있으면 사랑이 이루어진다나? 덕훈 아저씨가 가방에 찔러 넣어 준 그 작은 유리병을 몇 번이나 가방에서 꺼냈다 넣었다 했는지……. 긴 망설임 끝에 나도 정체를 모르는 그 초콜릿을 다은이 앞에 꺼내 놓았다. 눈을 동그랗게 뜬 다은이가 물었다.

"이게 뭐야?"

나는 어제 덕훈 아저씨에게 들은 설명을 잘 기억해 뒀다가 줄줄 말을 외웠다.

"어, 그러니까……. 이 세상 어디에서도 맛볼 수 없는 초콜릿이야. 인류가 처음으로 먹은 초콜릿이지. 너무너무 귀하고, 아무나 먹을 수 없던 거라고 하더라고."

"정말? 그런 초콜릿을 어디서 구한 거야?"

"어, 그러니까……. 저기 저 사거리에 HS 편의점이라고 있거든.

내 단골집이니까 이따 시간 되면 거기서 만날래? 나는 매일 학원 가기 전에 들르거든."

"글쎄…… 시간이 될지 모르겠네. 어쨌든 초콜릿은 잘 먹을게."

절반의 성공이다. 내 마음이 전달되었는지는 모르겠지만, 어쨌거나 초콜릿을 주었고, 데이트 신청도 했으니까 후회는 없다.

하교 후, 다은이의 눈치를 살피다가 HS 편의점으로 향했다.

"초콜릿이요."

편의점 문이 열리자, 카운터에 있던 덕훈 아저씨가 능글맞은 웃음을 지으며 나에게 물었다.

"초콜릿 줬어?"

"네, 주긴 했는데요. 여기 올지는 모르겠어요. 시간 되면 온다고 했어요."

"흐흐. 그 초콜릿을 먹었다면 여기 안 올 수가 없을 거다. 그럼 그렇지. 저기 봐라."

아저씨는 문 너머로 손가락을 가리켰다. 다은이였다. 다은이가 편의점으로 다가오고 있었다. 갑자기 가슴이 쿵쾅쿵쾅 뛰었다. 다은이가 편의점 문을 힘차게 밀었다. 당연히 문은 끄떡도 하지 않았다. 나는 편의점 안에서 안내문을 가리키며 손짓했다. 다은이는 안내문을 찬찬히 읽더니 신경질이 가득한 목소리로 마이크에 말했다.

"초콜릿이요!"

편의점 문이 열리고, 안으로 들어온 다은이는 씩씩거리며 사덕훈 아저씨를 향해 쏘아붙였다.

"아저씨, 이거 상했어요! 무슨 초콜릿이 단맛은 하나도 없고, 텁텁하고, 쓰고, 걸쭉하고……. 아무리 밸런타인데이에 초콜릿이 잘 팔린다지만 이런 걸 초등학생한테 함부로 팔면 되겠어요? 어서 얘한테 환불해 주세요."

다은이는 처음 보는 사덕훈 아저씨를 향해서 고개를 빳빳이 들고 당차게 얘기했다. 저런 모습 때문에 다은이에게 반했지……. 그런데 이게 무슨 얘기란 말인가? 정말 귀한 최고의 초콜릿이라고 했는데, 상한 거라고?

"그럴 리가……. 어디 나도 좀 줘 봐."

나는 다은이의 손에 들린 병을 건네받아 한 모금 마셔 보았다. 우웩! 에퉤퉤! 이게 뭐야! 원망 섞인 눈으로 아저씨를 쳐다보자 아저씨는 어깨를 으쓱하더니 말을 이었다.

"어디에도 없는 귀한 초콜릿을 줬더니 상했다고 난리네. 내 참. 자, 잘 들어 봐라. 초콜릿의 주원료가 카카오인 건 알고 있지? 너희들이 먹은 건 아주아주 오래전에 지금의 멕시코 지역에 살던 마야인들이 먹었던 카카오 음료란다. 최초의 초콜릿이라고 할 수 있지. 그

때는 카카오콩을 갈아서 물에 타서 마셨단다. 마야인들은 카카오를 신들의 음료라고 부르면서 아주 귀하게 여겼어. 아이가 태어난 후 12일이 되면 카카오를 선물하고, 성년식을 치를 때면 꽃잎을 넣은 빗물에 카카오 가루를 녹여 몸에 발라 주고, 죽은 사람의 무덤에도 카카오콩을 담는 그릇을 넣었지."

나도 모르게 덕훈 아저씨의 말에 빠져드는 나와는 달리, 다은이는 심각한 표정을 짓더니 말했다.

"몇 천 년 전 이야기인 마야인 어쩌고는 잘 모르겠고요. 우리는 21세기에 사는 어린이라고요. 이렇게 쓴 카카오는 소용이 없어요! 어서 환불해 주세요."

덕훈 아저씨는 다은이의 날카로운 지적에 잠시 당황한 듯 보였지만 곧이어 말을 이어 갔다.

"거참 똘똘한 친구로구나. 요즘 초콜릿을 생각해 보면 쓸모 없고 맛도 없는 열매지만 당시에 카카오는 워낙 신성하게 여겨졌기 때문에 아주 귀했고, 그런 귀한 걸 선물하고 발라 주는 게 의미가 있었단다. 카카오는 점점 더 가치가 높아지면서 나중에는 돈처럼 쓰이게 되지. 노예 한 명은 카카오콩 100개, 토끼 한 마리는 카카오콩 10개와 교환해서 쓰곤 했어. 너는 그렇게 소중하고 귀한 카카오를 선물로 받은 거란다. 자, 그 의미가 무엇인지 알겠니?"

다은이는 그제야 고개를 끄덕이며 나를 바라보았다. 헉! 아저씨, 그런 말을 하면 어떡해요. 부끄럽잖아요. 아이고, 민망함을 감추기 위해 나는 편의점을 이리저리 돌아다녔다. 모퉁이를 돌자 전 세계의 초콜릿을 모두 다 모아 놓은 것 같은 초콜릿 매대가 펼쳐졌다. 아니, 이렇게 맛있는 초콜릿이 많은데 왜 다은이한테는 쓰디쓴 카카오물을 주라고 한 건지 참……. 하긴 뭐 그래서 다은이의 호기심을 끌어내는 데는 성공했지만 말이다. 어느새 내 뒤를 따라온 다은이는 수많은 초콜릿을 호기심 어린 눈으로 살펴보았다. 나 역시 입맛을 다시며 찬찬히 둘러보다가 초콜릿 하나를 집어 들었다.

"아저씨, 이거 먹어도 돼요?"

"그렇게 많은 초콜릿 중에서 제일 단 초콜릿은 잘도 찾았구나."

"그럼요, 초콜릿은 달아야 제맛이죠!"

나는 초콜릿을 톡 쪼개서 다은이와 나눠 먹었다. 아, 달콤한 이 맛! 그래 초콜릿은 이래야지. 아저씨는 우리를 흐뭇한 표정으로 바라보더니 말했다.

"그렇게 단 거 좋아하다가는 나중에 치과에 가서 울 일이 생긴단다. 집에 가자마자 양치질 잘하도록 해. 너희가 그렇게 좋아하는 달콤한 초콜릿은 카카오콩이 유럽으로 전해지면서부터 만들어지게 돼. 14세기에 현재의 멕시코 지역에는 아스테카 문명이 꽃을 피우고 있었어. 당시의 아스테카 왕국에서도 카카오는 왕족이나 귀족들이 마시는 아주 귀한 음료였지. 스페인의 정복자 코르테스는 아스테카 왕국을 무너뜨리기 위해 이곳을 찾았다가 카카오를 알게 됐어.

코르테스는 카카오를 유럽으로 가져가서 '한 잔만 마셔도 온종일 힘을 내게 하는 음료'라고 설명했지. 쓰디쓴 카카오는 처음에는 인기가 없었지. 그런데 맛을 좀 아는 유럽 사람들은 카카오 음료에 설탕을 넣고 달콤하게 만들어서 먹기 시작했어. 진하게 탄 코코아 맛을 생각하면 비슷해. 중세 유럽에서는 황실과 귀족들을 중심으로 달콤한 초콜릿의 인기가 하늘을 찔렀지. 초콜릿 전용 카페, 황실 전용 초콜릿 제조실, 초콜릿 장인까지 생겨났어."

다은이는 내가 방금 건넨 초콜릿을 한 입 베어 물더니 말했다.

"코코아도 좋지만, 딱딱한 초콜릿이 먹기 편해요. 갖고 다니면서 먹을 수도 있고……."

아저씨는 고개를 끄덕이며 판 모양 초콜릿을 툭툭 치며 말했다.

"이렇게 딱딱한 초콜릿이 만들어지면서 초콜릿은 간식으로 선풍적인 인기를 끌게 됐지. 이런 판 모양의 초콜릿이 만들어진 건 유럽에 초콜릿이 전해진 뒤 한참 후의 일이란다. 200여 년의 시간이 더 필요했지. 1828년에 네덜란드인 반 호텐이 카카오 원두에서 코코아 버터를 빼내는 기술을 개발하게 되는데, 그 기술이 바로 고체 형태의 초콜릿을 만드는 핵심 기술이지. 1876년 스위스의 다니엘 페터스는 쓴맛을 덜어 주는 밀크 초콜릿을 개발하면서 초콜릿 제조업이 더욱 발전했어. 지금까지도 스위스 초콜릿은 아주 유명하지. 19세기 말부터는 초콜릿 입자를 더 곱게 만드는 장치를 발명해서 아주 부드럽고 맛있는 초콜릿을 만들 수 있게 됐단다."

덕훈 아저씨는 초콜릿을 한 입 베어 눈을 감고 음미하듯이 먹다가 갑자기 눈을 번쩍 뜨더니 말했다.

"다은이 너도 앞으로 우리 편의점 자주 놀러 올래?"

다은이가 한 치의 망설임도 없이 바로 대답했다.

"네!"

덕훈 아저씨 얼굴에서 함박웃음이 피어났다. 나보고 만날 친구 데려오라고 그렇게 성화더니, 정말 손님이 없긴 없었나 보다. 하긴, 이런 이상한 편의점에 나 아니면 누가 오겠어? 그런데 새로운 손님이 다은이라니! 히히. 밸런타인데이 초콜릿 작전은 대성공이다! 아저씨는 신나는 얼굴로 말했다.

"우리 편의점 규칙 읽어 봤지? 이 편의점에서 파는 음식에 관한 이야기를 들었다면, 퀴즈를 꼭 풀어야 한다. 자 오늘의 퀴즈는, 첫 방문이니까 아주 쉬운 걸로 준비했지."

오늘의 퀴즈

Q. 아스테카 왕국 원주민의 말로 카카오 음료는 '쇼콜라틀(xocolatl)'이라고 불렸습니다. 유럽으로 건너오면서 그 말이 점점 변해 초콜릿(chocolate)이 된 건데요. 원주민 말인 '쇼콜라틀'의 의미는 무엇일까요?

① 달콤한 물   ② 찬 물   ③ 쓴 물   ④ 매운 물   ⑤ 신 물

우아, 이건 정말 거저 주는 문제잖아. 나는 신나게 손을 들었다. 저요! 저요! 덕훈 아저씨가 고개를 절레절레 흔들더니 말했다.

"첫 손님인 다은이에게 먼저 기회를 준다. 자, 정답은?"

다은이가 침을 꼴깍 삼키더니 내가 주었던 카카오 물이 담긴 병을 흔들며 말했다.

"3번, 쓴 물이요. 이거!"

덕훈 아저씨가 허허 웃으며 병을 건네받았다.

"그래. 정답이다! 앞으로 자주 놀러 오거라."

오늘은 다은이가 와서, 비밀의 문에 들어갈 기회가 없었다. 처음부터 그런 엄청난 일을 겪으면 기절할지도 몰라. 포인트를 안 쓴 게 오히려 다행이지.

앞으로 다은이와 함께 HS 편의점에 올 생각을 하니 가슴이 쿵쾅쿵쾅 뛰었다.

초콜릿의 세계사

아스테카 문명

1300년경부터 마야 문명을 계승한 원주민의 나라 아스테카 제국이 탄생했어. 마야 사람들처럼 그림 문자를 사용하고, 천문학과 달력을 만드는 능력도 아주 뛰어났어. 찬란한 문명을 꽃피웠지.

몬테수마 2세는 대략 이런 모습이었대. 아스테카 제국을 다스린 만큼 위엄이 넘치지?

1519년에 에스파냐의 정복자 코르테스가 아스테카 제국에 도착했어. 제국을 무너뜨리고 정복하려는 야심을 품고 있었지. 그런데 아스테카 제국의 황제 몬테수마 2세는 코르테스와 그의 군대를 무척 환영했대. 자신들과 생김새가 다른 코르테스를 전설 속의 신 '케찰코아틀(수염을 기르고 흰 피부를 가진 전설상의 인물)'이라고 착각했다고 해. 황제는 코르테스에게 극진한 대접을 하면서 귀하디귀한 카카오콩을 선물했지.

하지만 코르테스는 황제를 포로로 잡고, 3년 만에 아스테카 제국을 완전히 무너트렸어. 어마어마했던 아스테카 제국을 정복하는데는 겨우 500명의 군사, 총 50개, 말 열여섯 마리가 들었을 뿐이야. 당시에 유럽에서 건너온 전염병인 천연두가 유행을 하면서 아스테카 사람들이 많이 죽은 것이 코르테스에겐 유리한 상황이 됐지. 코르테스는 아스테카 제국을 폐허로 만들고 그곳에 '멕시코 시티'를 건설했어.

코르테스의 뒤를 이어 프란시스코 피사로가 현재의 페루 지역에 자리 잡고 있던 잉카 제국을 멸망시키게 돼. 결국 남아메리카 대부분이 에스파냐의 식민지가 되었지.

초콜릿 인물 돋보기

에르난 코르테스

아스테카 제국의 귀한 음료였던 초콜릿을 유럽에 전파한 탐험가 코르테스에 대해 알아볼까?

에르난 코르테스는 스페인의 전성기를 이끈 탐험가야. 1504년부터 아메리카 대륙 탐험을 시작해서 여러 번 대서양을 오갔지.

스페인에서는 하급 귀족 신분이었지만, 탐험가가 되면서 그의 인생은 달라졌어. 쿠바에서 머무르며 일하던 그는 멕시코만 너머에 대단한 도시가 있다는 정보를 듣고 그곳을 정복하기로 계획하지. 그 도시가 바로 아스테카 제국이야. 1519년에 코르테스는 600여 명의 군인을 이끌고, 무려 2500만 명의 인구를 가진 아스테카 제국을 정복하게 돼. 코르테스가 이끄는 군대는 원주민에 비해 뛰어난 무기를 갖고 있었고, 천연두, 홍역 같은 유럽의 전염병이 원주민들에게 퍼지면서 싸움을 승리로 이끌게 되지. 코르테스는 스페인 입장에서는 위대한 정복자였지만, 원주민의 입장에서 보면 악명 높은 폭군이었지. 코르테스의 정복을 시작으로 스페인은 브라질을 제외한 중남미 전 지역을 아우르는 식민 제국을 만들어 냈어.

어른도 아이도 좋아해

서양에서 들어온 많은 음식이 그렇듯이 초콜릿 역시 황실의 간식으로 처음 우리나라 역사에 등장했어. 대한 제국 황실에서 양식을 만들고 외국 손님을 접대한 손탁에 의해 처음 소개됐다고 전해지지.

일반 국민들에게 본격적으로 초콜릿이 알려지기 시작한 것은 2차 세계 대전이 끝나고 연합군인 미군이 우리나라에 머무르면서부터야. 미군의 보급품 중에 초콜릿이 있었거든. 당시의 어린이들이 미군을 만나면 '기브 미 쪼코렛'이라고 말하며 따라다녔던 풍경은 지금도 그 당시를 다룬 영화에 자주 등장하는 풍경이야. 한국 전쟁을 거치면서 미군 부대 매점을 통해 세상에 나온 초콜릿은 암시장을 통해 팔리곤 했지.

우리 기술로 처음 만든 최초의 국산 초콜릿은 57년 해태제과에서 내놓은 '해태 쵸코레'로 알려져 있는데, 엄밀히 말하면 '해태 쵸코레'는 초콜릿 맛을 넣은 '캐러멜'이었다고 해. 진짜 초콜릿은 1967년 해태제과에서 내놓은 '나하나 초콜릿'이래.

1974년에 동양제과(현 오리온)의 초코 파이가 출시되고, 1975년에 롯데의 가나 초콜릿이 나오면서 국내 제과 시장의 초콜릿 전쟁이 치열해

초콜릿에도 종류가 많아. 카카오매스에 설탕만 더한 다크초콜릿, 카카오매스에 설탕과 우유를 더한 밀크초콜릿, 카카오매스에서 추출한 지방인 카카오버터에 설탕만 더한 화이트초콜릿이 있어. 초콜릿 장인인 쇼콜라티에들은 색과 맛이 천차만별인 이런 초콜릿들을 가지고 예술 작품 같은 초콜릿을 만들지.

졌지. 당시에 나온 초콜릿들은 지금까지도 편의점에서 만날 수 있어. 이후, 초콜릿은 다양한 맛과 모양으로 발전하면서 어린이들뿐 아니라 어른들의 입맛까지도 사로잡게 되지.

요즘에는 더 고급스러운 초콜릿을 찾는 소비자가 늘어나서 '수제 초콜릿'의 인기가 많아. 초콜릿을 전문적으로 만드는 쇼콜라티에(초콜릿 제조·판매업자)라는 직업을 가진 사람도 있어.

초콜릿의 TMI

우리나라 사람이 1년 동안 먹는 1인당 초콜릿 소비량은 약 607그램이야. 우리가 편의점에서 가장 흔히 볼 수 있는 얇은 판 모양의 초콜릿의 평균 무게인 70그램으로 환산하면 국민 1인당 연간 약 8.7개를 먹는 정도지.

다른 나라, 특히 유럽과 미국에 비하면 우리나라 사람들은 초콜릿을 매우 적게 먹는 편이야. 전 세계에서 1인당 초콜릿 소비량이 가장 많은 스위스에서는 1년에 한 사람당 약 9킬로그램의 초콜릿을 먹는대. 판 초콜릿 300개에 해당하는 양이니까 거의 매일 먹는다고 볼 수 있지. 스위스 다음으로 1인당 소비량이 많은 나라는 독일(7.9킬로그램), 영국(7.4킬로그램), 노르웨이(6.6킬로그램)야.

정보 세 조각

카카오를 가장 많이 생산하는 나라 코트디부아르에서는 온종일 카카오 열매를 따느라 학교도 못 다니는 아이들이 수십만 명이나 된다고 해. 일을 시키려고 아이들을 납치하기도 하고, 일하다가 매를 맞거나 죽는 경우도 많다고 해. 카카오 농장에서 일하면서도 초콜릿을 먹어 보지 못한 어린이들도 많대. 어린이들이 받는 돈에 비하면 초콜릿 가격이 너무 비싸기 때문이지. 코트디부아르의 이런 상황을 바꾸기 위해서 다양한 복지 기구와 사회 단체들이 힘을 모으고 있어.

정보 네 조각

카카오나무에 매달린 럭비공 모양의 열매가 바로 카카오야. 그럼 코코아는 무엇일까? 카카오의 알맹이를 갈아서 만든 카카오 매스를 물에 잘 풀리도록 만든 가루를 말해. 카카오 매스에 설탕 등 다양한 재료를 섞어서 굳힌 게 우리가 먹는 초콜릿이야.

밸런타인데이가 생긴 유래에 대해서는 여러 가지 설들이 많아. 로마 가톨릭 교회의 주교였던 성 밸런타인의 순교일에서 비롯되었다는 얘기가 제일 유명한데, 이날 미국이나 유럽에선 연인뿐만 아니라 친구나 지인들과 선물과 카드를 주고받는다고 해.

여자가 남자에게 사랑을 고백하는 날이 된 건 일본에서 시작됐어. 1960년 일본 모리나가 제과에서 밸런타인데이는 여자들이 초콜릿으로 사랑 고백하는 날이라는 내용의 캠페인을 벌였어. 그때부터 일본식 밸런타인데이가 생겨났지. 그 문화가 우리나라에 전해지면서 우리나라에서도 초콜릿을 주며 사랑을 고백하는 날로 자리 잡았어.

> **정보 여섯 조각**
>
> 영국의 내과 의사인 프란츠 메설리는 초콜릿의 플라보놀 성분이 인지 능력 개선에 효과가 있기 때문에 초콜릿 소비량이 높은 나라에서 노벨상을 많이 받게 된다는 논문을 발표한 적이 있어. 실제로 자료를 보면 초콜릿 소비량이 많은 나라에서 노벨상 수상자가 많이 나왔어. 2013년에 있었던 설문 조사에서는 노벨상 수상자들 중에 일주일에 두 번 이상 초콜릿을 먹는다는 응답자가 43퍼센트가 나왔는데, 비슷한 나이대에 비슷한 교육을 받은 남성 평균치인 25퍼센트에 비해서 뚜렷이 높았다고 해. 정말 초콜릿을 많이 먹으면 머리가 좋아지는 걸까? 단지 우연인 걸까?

〈치킨 라멘〉 위키피디아 퍼블릭도메인 29p
〈추파츕스 로고〉 위키피디아 퍼블릭도메인 79p
〈채유〉 조영석, 공유마당, CC BY 118p
〈코카콜라 병〉 위키피디아 퍼블릭도메인 192p
〈몬테주마 2세〉 위키피디아 퍼블릭도메인 206p
〈chocolate〉 André Karwath aka, 위키피디아, CC BY-SA 2.5 210p

사진 출처

1판 1쇄 발행일 2022년 7월 25일 1판 4쇄 발행일 2025년 10월 20일
글쓴이 이재은 그린이 박은애 펴낸곳 (주)도서출판 북멘토 펴낸이 김태완
부대표 이은아 편집 김경란, 조정우 디자인 안상준 마케팅 강보람 경영기획 이재희
출판등록 제6-800호(2006. 6. 13.)
주소 03990 서울시 마포구 월드컵북로 6길 69(연남동 567-11) IK빌딩 3층
전화 02-332-4885 팩스 02-6021-4885

🏠 bookmentorbooks.co.kr   ✉ bookmentorbooks@hanmail.net
📷 bookmentorbooks__   ⓑ blog.naver.com/bookmentorbook

ⓒ 이재은 2022

※ 잘못된 책은 바꾸어 드립니다.
※ 이 책은 저작권법에 따라 보호를 받는 저작물이므로 무단 전재와 무단 복제를 금합니다.
※ 이 책의 전부 또는 일부를 쓰려면 반드시 저작권자와 출판사의 허락을 받아야 합니다.
※ 책값은 뒤표지에 있습니다.

ISBN 978-89-6319-456-1 73900

인증 유형 공급자 적합성 확인 **제조국명** 대한민국 **사용 연령** 8세 이상
KC마크는 이 제품이 공통안전기준에 적합하였음을 의미합니다.
종이에 베이거나 책 모서리에 다치지 않도록 주의하세요.